GEORGE BERKELEY

Drei Dialoge zwischen Hylas und Philonous

Übersetzt von Raoul Richter
bearbeitet von Erwin Pracht
mit Einleitung, Anmerkungen und Register versehen und herausgegeben von
WOLFGANG BREIDERT

FELIX MEINER VERLAG
HAMBURG

PHILOSOPHISCHE BIBLIOTHEK BAND 102

1901 1. Auflage, übersetzt, herausgegeben und mit einer Einleitung versehen von Raoul Richter
1926 2. Auflage, mit Namen- und Sachregister versehen und herausgegeben von Raymund Schmidt
1980 3. Auflage, übersetzt von Raoul Richter, bearbeitet von Erwin Pracht (Akademie-Verlag, Berlin 1955). Neu herausgegeben, mit neuer Einleitung, mit Anmerkungen und Register versehen von Wolfgang Breidert
1991 4., verbesserte Auflage

Die Deutsche Bibliothek – CIP-Einheitsaufnahme

Berkeley, George:
Drei Dialoge zwischen Hylas und Philonous / George Berkeley. Übers. von Raoul Richter. – 4., verb. Aufl. / bearb. von Erwin Pracht. Mit Einl., Anm. u. Reg. vers. u. hrsg. von Wolfgang Breidert. – Hamburg : Meiner, 1991
(Philosophische Bibliothek ; Bd. 102)
Einheitssacht.: Three dialogues between Hylas and Philonous <dt.>

ISBN 3-7873-1031-2
NE: Pracht, Erwin [Bearb.]; GT

INHALT

EINLEITUNG

1. Berkeleys Leben und Werk

1685	12. März: George Berkeley in der Nähe von Kilkenny in Irland als Sohn eines Gutsbesitzers geboren.
1696–1700	Besuch des Kilkenny College.
1700–1713	Trinity College in Dublin. 1704 B. A., 1707 M. A., 1709 Diakon, 1710 Priester. – „Arithmetica absque Algebra aut Euclide demonstrata" und „Miscellanea Mathematica" 1707, „An Essay Towards a New Theory of Vision" 1709, „A Treatise Concerning the Principles of Human Knowledge" 1710, „Passive Obedience" 1712.
1713–1720	vorwiegend auf Reisen. 1713 in London. 1713/14 Italienreise als geistlicher Begleiter des Grafen von Peterborough. 1714–1716 in England. 1716–1720 Italienreise als Tutor von George Ashe, Sohn des Bischofs von Clogher. – „Three Dialogues between Hylas and Philonous" 1713. Artikel im „Guardian".
1721–1724	vorwiegend in Dublin. 1721 Doktor und Lektor der Theologie. 1723 Teilerbe der Hester van Homrigh (Swifts Vanessa). 1724 Dekan von Derry. – „De Motu" und „Essay Towards Preventing the Ruin of Great Britain" 1721.
1724–1728	in England. Vorbereitungen zur Gründung eines theologischen College auf den Bermuda-Inseln. 1728 heiratet Berkeley Anne Forster, Tochter eines Dubliner Richters, aus der Ehe gingen sieben Kinder hervor.
1729–1731	in Newport, Rhode Island. Nachdem das von der englischen Regierung zunächst zugesagte

	Geld nicht gezahlt wird, kehrt Berkeley erfolglos nach England zurück.
1731–1734	in England. – „Alciphron" 1732, „The Theory of Vision...Vindicated and Explained" 1733.
1734–1752	Bischof von Cloyne in Irland. – „The Analyst" 1734, „The Querist" 1735–37, „Siris" 1744.
1753	14. Januar: Berkeley stirbt bei einem Aufenthalt in Oxford und wird dort begraben.

2. Berkeleys Grundsatz

Descartes hatte das Ziel, der menschlichen Erkenntnis ein unerschütterliches Fundament zu verschaffen, indem er durch seine Methode des universellen Zweifels die Standfestigkeit aller, ohne Absicherung übernommenen, angeblichen Erkenntnisse überprüfte. Dabei blieb ihm als dürftiges, aber stabiles Fundament nur die eigene Selbstgewißheit („Ich denke, also bin ich"). Von hier aus versuchte er, mit Hilfe eines Gottesbeweises und unter Verwendung der Wahrhaftigkeit Gottes die Sicherheit unserer wissenschaftlichen und alltäglichen Erkenntnisgebäude zu garantieren. Die Selbstbeschränkung sollte bei Descartes nicht einer bloßen wissenschaftsimmanenten Methodenwillkür dienen, sondern dem Fernziel, dem sein Erkenntnissicherungsunternehmen gewidmet war, nämlich einer ethischen Neubesinnung, der Begründung des richtigen Handelns. Bis zur Erreichung dieses Zieles wollte er die allgemein gültige Moral als vorläufig akzeptierte beibehalten. Die neuzeitliche Philosophie begann also bei Descartes mit dem Anspruch einer absoluten Sicherung der Erkenntnis, aber einer zunächst vorläufigen Regelung unseres Handelns. Das praktische Interesse trat bis auf weiteres hinter das kognitive zurück. Bei Berkeley hat sich dieses Verhältnis noch nicht – wie in neueren philosophischen Ansätzen zur „Rehabilitierung der praktischen (oder pragmatischen) Philosophie" – umgekehrt, denn er hält noch an dem kartesischen Anspruch auf Erkenntnisgewißheit fest, doch steht bei ihm die Erkenntnissicherung ganz im Dienste seines praktischen, d.h. bei ihm seines religiösen, Interesses. Trotz dieses Zieles sind seine „Prinzipien der menschlichen Erkenntnis" und seine „Drei Dialoge" primär erkenntnistheoretische Schriften.

Berkeley gehört zu jenen Denkern, die trotz aller unvermeidlichen historischen Abhängigkeit weitgehend selbständig, in fast naiver Unbekümmertheit und Unmittelbarkeit philosophieren. Durch diese Unbefangenheit gerät er zwischen die Fronten: Gegen die autoritätsgläubige und autoritäre Gelehrsamkeit der etablierten Wissenschaft vertritt er die Sprache und das Denken des „einfachen Mannes" oder das, was er dafür hält; gegen die Vorurteile der – nach seiner Meinung schon durch „Wissenschaft" und „Philosophie" verdorbenen – breiten Masse vertritt er seine eigene, auf den ersten Blick paradox wirkende Ansicht.

Ausgehend von der erkenntnistheoretischen Kernfrage, wie das Bewußtsein zur Gewißheit adäquater Erkenntnis der Wirklichkeit gelangen könne, kommt Berkeley in konsequenter Fortführung der Ansätze von Descartes und Locke zu einer auf Selbstbeschränkung beruhenden Antwort: Das Bewußtsein kann sich nur seiner eigenen Inhalte (Phänomene, Vorstellungen, *ideas*) gewiß sein. Berkeleys erkenntnistheoretische Position ist daher ein Idealismus oder Phänomenalismus; er selbst nennt sie in Abhebung von seinen Gegnern „Immaterialismus". Damit benennt Berkeley seine ontologische Kontraposition, durch die er all dem, was keinen direkten oder indirekten Bezug zum Subjekt hat, den Status der Wirklichkeit bestreitet. Aus der erkenntnistheoretischen Beschränkung auf den Bereich des Subjekts, seiner Vorstellungen und seiner Akte entsteht so die ontologische Verengung zum Spiritualismus: nur geistige Subjekte und ihre Inhalte existieren. Was nicht wahrgenommen wird oder wahrnimmt (perzipiert), ist nicht. Diese Philosophie ist nicht eine Philosophie über das Wirkliche, sondern eine Philosophie über den Begriff der Wirklichkeit.

3. Zur Entstehung und zu den Ausgaben der „Dialoge"

In seinem „Philosophischen Tagebuch" aus den Jahren 1707/08, gleichsam dem Zettelkasten Berkeleys aus der Zeit der stürmischen Entwicklung seiner Philosophie, spricht er schon in der Eintragung Nr. 19 von der „immateriellen Hypothese", worunter er ohne Zweifel die Grundthese seines Immaterialismus versteht: „Sein bedeutet Wahrgenommenwerden oder Wahrnehmen."

Wie Schopenhauer, der enthusiastische Verehrer Berkeleys, im Vorwort zu seinem vier Bücher umfassenden Hauptwerk „Die Welt als Wille und Vorstellung" sagt, in seinem Opus sei im Grunde nur ein einziger Gedanke ausführlich entwickelt worden, so hätte auch Berkeley von seiner eigenen Philosophie sagen können, daß sie nicht so sehr ein System enthält, als vielmehr nur einen einzigen Gedanken unter allen Aspekten expliziert: *esse* ist *percipi vel percipere* (Sein ist Wahrgenommenwerden oder Wahrnehmen). Der Ausbreitung und Verteidigung dieser Grundthese dient die gesamte Philosophie Berkeleys. Das „Philosophische Tagebuch" diente noch zur vorläufigen Sammlung und Diskussion zahlreicher Details. Es blieb die große, nicht zur Veröffentlichung bestimmte Materialsammlung, der Steinbruch, aus dem Berkeley die wichtigsten Gedanken seiner späteren Werke holte. Als erstes philosophisches Buch veröffentlichte er 1709 den „Essay Towards a New Theory of Vision", eine Spezialuntersuchung der optischen Phänomene (und ihrer Verbindung zu haptischen) auf dem Boden seines Grundsatzes, den er als Schlüssel zu fast allen philosophischen Problemen ansah, so daß er sein Werk auch sehr gut unter den Titel „Clavis universalis (Universalschlüssel)" hätte stellen können, einen Titel, den Arthur Collier (1680–1732) einem 1713 erschienenen Buch gab, in dem Collier ähnlich wie Berkeley die bloße Phänomenalität der Außenwelt vertrat. Collier war, ausgehend von Malebranche und Norris und wohl auch unter dem Einfluß von einzelnen Gedanken Bayles, unabhängig von Berkeley etwa zur gleichen Zeit wie dieser zu seiner Form des Idealismus gekommen. Der Kartesianismus hatte mit Malebranche und Locke eine gemeinsame Basis bereitet.

Es war Berkeleys ursprünglicher Plan, seine philosophischen Hauptgedanken in einem großen dreiteiligen Werk darzulegen: Teil I sollte die allgemeine Erkenntnislehre enthalten, Teil II die Ethik sowie die Willens- und Geistlehre,

Teil III die Naturphilosophie. 1710 publizierte Berkeley den Teil I der „Prinzipien der menschlichen Erkenntnis", doch die beiden anderen Teile sind niemals erschienen. Berkeley schrieb später in einem Brief, er habe das Manuskript zum zweiten Teil schon (mindestens teilweise) fertig gehabt, aber auf einer Italienreise verloren. Bis zu einem gewissen Grade dürfte das Vorhaben durch andere Schriften Berkeleys erfüllt sein, nämlich Teil II durch „Alciphron" und Teil III durch „De Motu" und den „Analyst". Die „Prinzipien" sind jedenfalls Berkeleys erkenntnistheoretisches Hauptwerk geblieben.

Der in der Geschichte von Wissenschaft, Kunst und Philosophie weit verbreitete Topos vom anfangs verkannten Genie fand in Beispielen aus der Philosophiegeschichte der Neuzeit immer wieder eine gewisse Stütze. Ein berühmtes Beispiel ist Kants „Kritik der reinen Vernunft", die in der ersten Auflage nicht die ihrer späteren Wirkung entsprechende Rezeption erfuhr. Schopenhauers „Welt als Wille und Vorstellung" erging es nicht anders. Man könnte auch auf Gottlob Frege verweisen, dem man zeitlebens einen ordentlichen Lehrstuhl versagte, auf Ch. S. Peirce, der in Vergessenheit und Armut starb, oder auch auf Ludwig Wittgenstein, der anfänglich Schwierigkeiten hatte, seinen später so berühmten „Tractatus logico-philosophicus" überhaupt zu publizieren. Man könnte aber auch George Berkeley als Bestätigung für den Topos von der verkannten Größe heranziehen.

Als Berkeley seine „Prinzipien" 1710 in Dublin publiziert hatte, war der junge Theologe aus der „Provinz" sehr an der Aufnahme seiner Schrift bei den Gelehrten in der Metropole London interessiert. Als ihm sein Freund Percival die ersten Reaktionen mitteilte, war das Ergebnis enttäuschend: Man machte sich über die auf den ersten Blick absurd wirkende Philosophie lustig. Ein Bischof beurteilte das Buch als Elaborat eines Geltungssüchtigen, der nur um bekannt zu werden, verrückte neue Thesen vertrete. Ein Arzt meinte, der Autor des Buches müsse krank sein und bedürfe einer ärztlichen Behandlung. Vielen genügte es, von der Hauptthese (Leugnung der Existenz materieller Substanz) nur zu hören, um das Buch gar nicht erst zu lesen.

Ähnlich wie Kant die ungünstige Aufnahme seiner „Kritik der reinen Vernunft" der wenig publikumswirksamen Darstellungsweise zuschrieb und deswegen eine vermeintlich leichter verständliche Hinführungsschrift („Prolegomena") publizierte, so machte auch Berkeley einen Versuch, dem Leser den Zugang zu seinen philosophischen Gedanken zu erleichtern. Berkeley reiste zu Beginn des Jahres 1713 mit dem Manuskript der „Drei Dialoge zwischen Hylas und Philonous" nach London, um sie dort drucken zu lassen. Das Buch erschien im Mai, wurde aber ebenso ignoriert wie die „Prinzipien". Im „Journal Literaire" (t. I, La Haye 1713, pp. 147–160, Nachdr. Genève 1968, pp. 47–51) erschien eine nicht sehr freundliche Besprechung. Der Rezensent wird dem Buch keineswegs gerecht. Abgesehen davon, daß er seine eigene philosophiegeschichtliche Inkompetenz dadurch zeigt, daß er die Unterscheidung zwischen primären und sekundären Qualitäten als eine von Berkeley stammende ansieht, erkennt er nicht die implizite Ordnung in den „Dialogen". Schon in dieser frühen Reaktion auf Berkeleys Schrift hält man ihm Einwände entgegen, die er selbst seinem Dialogpartner Hylas in den Mund gelegt und durch Philonous zu beantworten versucht hatte, wie z. B. den Einwand, daß Gott nicht wollen könne, daß die Menschen glauben, er bediene sich zur Vorstellungserzeugung eines Mittels (Materie), während er sich eines solchen Mittels gerade nicht bediene. Interessanter ist das philosophiegeschichtlich relevante Problem, das am Ende der Rezension auftaucht, wenn der Rezensent Berkeley vorwirft, Gott unnötigerweise zu bemühen, wo der „Materialist" meint, ohne Gottes unmittelbares Eingreifen auskommen zu können. Hier wird sozusagen der theologische Hintergrund für den „Materialismus" sichtbar: Die Erhabenheit Gottes erfordert, ihn von der „alltäglichen Arbeit" zu entlasten. So entsteht der Konflikt zwischen dem erhabenen, untätigen, schließlich überflüssigen Gott und dem allgegenwärtigen, ständig und überall auch die Details selbst bewirkenden, tätigen Gott, der bei jedem Federstrich eines Schreiberlings „verpflichtet" ist, alle anderen Menschen, die ihre Augen auf das Papier werfen, die Buchstaben auch sehen zu lassen. Hier berühren sich die extreme Erhabenheit Gottes und der gottlose Materialismus. Daher ist es auch nicht verwunderlich, daß man gegen Berkeleys Immaterialismus von beiden Seiten, nämlich von theologischer Seite ebenso wie aus dem Lager des atheistischen Materialismus zu Felde ziehen konnte.

1725 erschien der unveränderte Text der „Dialoge" (liegengebliebene Exemplare mit einem neuen Titelblatt) als „second edition". Obwohl diese Ausgabe in der von den Leibnizianern gelesenen Zeitschrift *Acta Eruditorum* (Leipzig, August 1727, pp. 380–383) wenigstens kurz besprochen wurde, fanden die „Dialoge" ebensowenig wie die „Prinzipien" in Deutschland ein breites Publikum, das diese Schriften eingehend studiert hätte. Das gilt *cum grano salis* bis in die neueste Zeit, in der man gewisse Teile der angelsächsischen Philosophie so wenig berücksichtigt, daß man in ein mehrbändiges „Historisches Wörterbuch der Philosophie" immerhin noch das Stichwort „Immaterialismus" aufgenommen hat, in dem man aber den Artikel „Common Sense" einfach vergessen konnte.

Eine neue, von Berkeley selbst revidierte Ausgabe der „Dialoge" kam nach seiner Amerikareise 1734 als Anhang zur zweiten Auflage der „Prinzipien" heraus.

1750 erschien in Amsterdam eine französische Übersetzung. Nach Barbiers „Dictionnaire des ouvrages anonymes et pseudonymes" (t.I, p.283) soll der Abbé Jean Paul de Gua de Malves der Übersetzer gewesen sein. Offenbar kennt der Herausgeber Berkeleys „New Theory of Vision" nicht, denn er faßt Berkeleys Hinweis am Ende seines Vorworts als Anspielung auf „Alciphron" auf (p.X f.). Den Inhalt der drei Dialoge gibt der Herausgeber kurz anhand von drei beigefügten Vignetten wieder, die jeweils die wichtigsten Aspekte der einzelnen Dialoge darstellen (pp.XIII–XVI; Text und Abbildungen sind in den Works, ed. by A.C. Fraser, Oxford ²1901, vol. I, p. 366–368 wiedergegeben).

Wie gering die Verbreitung der englischen Ausgaben auf dem europäischen Kontinent war, zeigt Joh. Chr. Eschenbach im Vorwort zur ersten deutschen Ausgabe (Rostock 1756): „Ich muß hierbei noch erinnern, daß meine Übersetzung, die 1750 in Amsterdam herausgekommene Französische zum Grunde lege. Es ist mir unerachtet aller ersinnlichen Mühe nicht möglich gewesen, das Englische Original aufzutreiben." Dazu merkt Eschenbach an, daß die Beschaffung des „Clavis universalis" von Collier allerdings noch schwieriger gewesen sei.

Bezeichnenderweise war die Ausgabe von Eschenbach getragen von dem Ziel, den erkenntnistheoretischen Idealismus von Berkeley und Collier gründlich darzustellen, um ihn gründlich zu widerlegen. Daher ist diese Ausgabe mit vielen längeren Anmerkungen versehen, in denen Eschenbach gegen das im Text Gesagte anzugehen versucht. Dies führt ihn manchmal zu einer hilfreichen Textanalyse, aber oft auch zu unbeholfenen Gegenargumenten. So wirft er z. B. Berkeley vor, den Unterschied zwischen der Wärme als Empfindung und der Wärme als Körpereigenschaft zu vernachlässigen, ohne dabei zu sehen, daß dann das ursprüngliche Problem, nämlich wie wir eine Kenntnis von jener Körpereigenschaft haben können, ungelöst wieder auftaucht. In gleicher Naivität gibt Eschenbach Regeln an, mit denen man die Gesundheit des Auges hinsichtlich der Farbempfindung feststellen könne, um sich vor Sinnestäuschungen zu schützen: „Willst du aber die Farben entdecken: so siehe zu, ob dein Auge die Figur und Größe an den Körpern sieht, die du daran fühlst; und wenn dies ist, sey versichert, daß dein Auge, da es dich in diesem Stück nicht betriegt, dich auch nicht in der Vorstellung der Farben triege." Auf diese Weise könnte man leicht beweisen, daß auch ein Farbenblinder die Farben richtig sieht!

1901 gab Raoul Richter eine sehr sorgfältige deutsche Ausgabe der „Dialoge" als Bd.102 der Philosophischen Bibliothek heraus. Diese Edition ist u. a. ausgezeichnet durch die hervorragenden terminologischen Erläuterungen der wichtigsten englischen Ausdrücke. Auch Richters Einleitung, in der er der eigenständigen systematischen, der historischen und der aktuellen Bedeutung der Philosophie Berkeleys nachgeht, ist noch immer lesenswert, selbst wenn sie in manchen Punkten das Gepräge ihrer Entstehungszeit trägt.

1926 erschien, herausgegeben von Raymund Schmidt, in Leipzig die zweite Auflage dieser Übersetzung von Richter. Der nur um die Seitenüberschriften ergänzte Text und die Paginierung stimmen mit der ersten Auflage überein, beigefügt wurde nur ein allzu knappes Personen- und Sachregister. In der Erwartung einer Gesamteinleitung innerhalb einer deutschen Berkeley-Gesamtausgabe der Philosophischen Bibliothek kürzte der Herausgeber die von Richter gegebene Einleitung auf ein Fünftel des ursprünglichen Umfangs, so daß alle allgemeinen philosophiegeschichtlichen, systematischen und inhaltlichen Bemerkungen der Kürzung zum Opfer fielen.

1955 erschien im Akademie-Verlag Berlin eine Neuausgabe der „Dialoge" auf der Grundlage der Übersetzung von Raoul Richter, die von Erwin Pracht bearbeitet wurde, herausgegeben von Georg Mende. Offensichtlich sah Mende das primäre Ziel seiner Edition darin, die idealistische Philosophie Berkeleys aus marxistischer Sicht als falsch zu erweisen. Einige seiner Deutungen halten aber der Prüfung ebensowenig stand wie so mancher seiner Kommentare in den Anmerkungen zum Text. So erhebt er gegen Berkeley z. B. den scharfen Vorwurf, von der Frage nach den Ursachen der Vorstellungen ablenken bzw. sie umgehen zu wollen (Anm. 6 u. 17 seiner Ausgabe), obwohl diese Frage, wie auch schon Raoul Richter zu den betreffenden Stellen angemerkt hatte, im zweiten Dialog ausführlich erörtert und beantwortet wird – allerdings nicht im materialistischen Sinne.

4. Widerlegungen

„Ist es unphilosophisch, nicht durch Argumente überzeugt zu sein, die ich nicht widerlegen kann?" So fragt naiv, vorurteilsbeladen und verlegen der Philosoph James Beattie in seinem „Essay on the Nature and Immutability of Truth" (1770). Er sieht sich mit dieser Haltung keineswegs als Außenseiter, sondern als Repräsentant seiner Zeitgenossen, denn er setzt hinzu: „ Ich habe viele gekannt, die Berkeleys Argumente nicht beantworten konnten; ich kannte keinen einzigen, der an seine Lehre glaubte." Nicht immer war die Aversion gegen Berkeleys Lehre mit solcher Redlichkeit und Einsicht in die eigene Unfähigkeit verbunden.

In den bis heute erschienenen Erwiderungen auf den Immaterialismus Berkeleys ist wohl kaum ein Einwand erhoben worden, der nicht schon von Berkeley selbst wenigstens berührt worden wäre. „The history of objections is very much a history of misconceptions." (A. C. Fraser, Works of George Berkeley, ²1901, vol. I, p. 363) Darüber hinaus hat Berkeley, wie sein „Philosophisches Tagebuch" zeigt, die meisten der in den Widerlegungsversuchen auftretenden Probleme und Argumente schon vor der Veröffentlichung seiner „Prinzipien" gekannt. Damit soll nicht etwa gesagt werden, Berkeley habe diese Einwände auch alle zufriedenstellend beantwortet, es soll damit nur das Diskussionsniveau angezeigt werden, auf das sich derjenige begeben muß, der Berkeleys Immaterialismus widerlegen will.

Wer mit einer einigermaßen gründlichen Kenntnis der Schriften Berkeleys an die erste Auflage von Kants „Kritik der reinen Vernunft" (1781) herangeht und die „Kritik des vierten Paralogism der transzendentalen Psychologie" (A 367–380) liest, wird nicht anders können, als ebenso wie Kant sich selbst auch Berkeley einen transzendentalen Idealisten zu nennen, jedenfalls solange man ihn dem transzendentalen Realisten entgegensetzt. Denn ebenso wie Kant ist Berkeley ein empirischer Realist, der „ohne aus dem bloßen

Selbstbewußtsein hinauszugehen" die Existenz der Materie einräumt, „weil er diese Materie und sogar deren innere Möglichkeit bloß für Erscheinung gelten läßt, die, von unserer Sinnlichkeit abgetrennt, nichts ist" (A 370). Wer kann die Entsprechung zu Berkeleys Prinzip, daß das Sein der sinnlichen Dinge ihr Wahrgenommenwerden sei, leugnen, wenn Kant schreibt: „Alle äußere Wahrnehmung also beweist unmittelbar etwas Wirkliches im Raume, oder ist vielmehr das Wirkliche selbst, ..." (A 375)? Allerdings werden auch die grundlegenden Differenzen zu Kant deutlich, nämlich bezüglich der Herkunft der Erscheinungen, genauer: der Empfindungen. Während Kant hier von einem „uns unbekannten Grund der Erscheinungen", dem Ding an sich, spricht, glaubt Berkeley, im *spirit* (Seelen- oder Geistwesen) das allen Erscheinungen Zugrundeliegende erkennen zu können. Nicht als Idealist unterscheidet sich Berkeley von Kant, sondern als Spiritualist.

Wenn man, wie C. M. Turbayne, annimmt, Kant habe Berkeleys „Dialoge" in Eschenbachs Ausgabe von 1756 gekannt, so ist es erstaunlich, daß Kant, der Locke, Leibniz, Hume und viele andere Autoren namentlich erwähnt, Berkeley in der ersten Ausgabe der „Kritik" nicht ein einziges Mal nennt. In der zweiten Ausgabe der „Kritik" wird Berkeley nicht nur mehrfach genannt, sondern Kant widmet ihm eine ausdrückliche „Widerlegung des Idealismus" (B 274–279), die er in der Vorrede zu dieser Ausgabe noch einmal korrigiert und erläutert (B XXXIX–XLI). Wie so viele Widerlegungen, die zu Berkeleys Idealismus gegeben wurden, zeigt auch diese ein auffallendes Unverständnis der Berkeleyschen Philosophie. Niemals hat Berkeley die Vorstellungen als „bloße Wirkung der Einbildungskraft" angesehen, sondern von seinem „Philosophischen Tagebuch" an immer wieder die Realität der Dinge und die Existenz der Dinge, sogar unabhängig vom *menschlichen* Bewußtsein, betont. Berkeley leugnet weder die Räumlichkeit körperlicher Dinge noch die Möglichkeit äußerer Erfahrung. Das einzige, was Berkeley entschieden abstreitet und worin er mit Recht als dogmatisch zu bezeichnen wäre, ist – in Kants Terminologie – die Existenz von Dingen an sich. Sieht man einmal von seiner ebenso dogmatischen Verfechtung der Substanzialität der geistigen Subjekte ab, die er übrigens in seinem unveröffentlichten „Tagebuch" auch selbst auf „Humesche" Art in Zweifel gezogen hatte, so nimmt Berkeley sogar sozusagen eine bestimmte Richtung des Kantianismus vorweg. Trotzdem versucht Kant ihn als *Idealisten,* nicht als *Spiritualisten,* zu widerlegen.

Obwohl Kant die irreführende Metaphorik von „außen" und „innen" bewußt war (A 373), täuscht er auch dort einen Gegensatz vor, wo er mit Berkeley übereinstimmt, indem er das Dasein „äußerer" Dinge beweist. Dabei bedeutet „außen" für Kant „räumlich" (Raum als Form des äußeren Sinnes) und „innen" bedeutet für ihn „zeitlich" (Zeit als Form des inneren Sinnes). Aber auch für Kant sind „äußere" Erscheinungen als Phänomene Bewußtseinsinhalte, ja sie sind als „äußere" gerade ausdrücklich auf die Form unserer Anschauung bezogen und keineswegs bewußtseinsunabhängig. Doch nur die Existenz bewußtseinsunabhängiger Dinge wird von Berkeley geleugnet. Bei einer so falschen Darstellung des Gegners (und die Fehlinterpretationen ließen sich noch fortführen) wird man nach einem erklärenden Grund suchen müssen.

Die meisten Kommentatoren neigen zu dem Schluß, daß Kants Kenntnis der Berkeleyschen Philosophie nur oberflächlich gewesen sei, weil sie aus sekundären Quellen stammte. Als mögliche Quellen zieht man D. Hume oder J. G. Hamann in Erwägung, doch meistens nimmt man an, daß Kant seine Berkeley-Kenntnisse aus der 1772 erschienenen deutschen Ausgabe des „Essay on the Nature and Immutability of Truth" von James Beattie hatte. Wir wissen, daß Kant diesen „Essay" kannte und sich offenbar zwischen dem Erscheinen der ersten und der zweiten Ausgabe der „Kritik" damit beschäftigte. So wäre es nicht mehr verwunderlich, daß Berkeley erst in der zweiten Ausgabe genannt wird wie auch in den „Prolegomena" (§ 13 Anm. III und im Anhang), wo Kant dem Rezensenten der „Kritik" Unkenntnis der zu besprechenden Schrift vorwirft, aber gleichzeitig Berkeley kritisiert, ohne ihn genauer zu kennen.

Dieser gängigen und einleuchtenden Auffassung trat C.M. Turbayne mit der Vermutung entgegen, Kant habe wahrscheinlich Berkeley sorgfältig studiert, denn es sei ja möglich, daß er Eschenbachs Ausgabe der „Dialoge" von 1756 gelesen habe, er sei daher vielleicht von Berkeley stark beeinflußt gewesen, habe aber, um dem Vorwurf, ein Berkeleyaner zu sein, zu entgehen, diesen Einfluß zu vertuschen versucht. Als bekannter Berkeleyaner macht Turbayne aus seinem dahinterstehenden Interesse auch keinen Hehl, sondern erklärt: Wenn dies so ist, „dann hat Berkeleys indirekter Einfluß auf die moderne Philosophie eine weitere Verbreitung als sein direkter Einfluß" (Introduction, S. XXXI). Dabei läßt Turbayne vor allem die Frage unbeantwortet, warum Kant seine Verbindung zu Berkeley, dem Verteidiger der Religion, hätte verheimlichen sollen, während er seine Abhängigkeit vom Skeptiker Hume äußerst deutlich machte.

Die von Turbayne meistens vorsichtig formulierte Vermutung wurde von M. D. Wilson und von G. Miller eingehend kritisiert und im wesentlichen zurückgewiesen. Die Wahrscheinlichkeit der Berkeley-Lektüre Kants wird geringer, wenn man bedenkt, daß trotz mancher Übersetzungen im Deutschland des 18. Jhs. auch so bedeutende englisch schreibende Autoren wie Berkeley und Thomas Reid fast unbekannt waren, wie umgekehrt auch Berkeley nur wenig von Leibniz im Original gelesen hat, denn seine Leibniz-Kenntnisse hatte er vorwiegend aus den Schriften der Leibnizianer, des Marquis de l'Hospital und des Jakob Hermann, gezogen (s. W. Breidert, Jakob Hermanns „Exercitationes", in: Archiv für Geschichte der Philosophie 53 (1971), 164–168). Wovon sich Kant abzusetzen versuchte, war ein Zerrbild der Berkeleyschen Philosophie, wonach Erkenntnis durch die Sinne nichts als bloßer *Schein* ist. Wie wenig dieses Zerrbild mit Berkeley zu tun hat, wird sofort deutlich, wenn man beachtet, daß nach Berkeleys wirklicher Lehre jede sinnliche Empfindung sogar schon zu einem Gottesbeweis taugt!

Schopenhauer, der sich ganz und gar in der Tradition der Berkeleyschen Philosophie sah, hatte eine wesentlich bessere Kenntnis von Berkeleys Idealismus und bemerkte vollkommen richtig, daß der Kernpunkt in Berkeleys Lehre sei: Es gibt kein Objekt ohne Subjekt.

Ch. S. Peirce, der ebenso wie Schopenhauer auch Kant zu seinen geistigen Ahnen zählt, hat die Philosophie Berkeleys trotz der Erkenntnis ihrer Inkonsistenz adäquat zu würdigen versucht. Berkeley hatte die funktionale Gleichheit von Geist und Materie in seinem philosophischen System ausdrücklich bestritten, denn er selbst sah schon die Gefahr der Hinfälligkeit der geistigen Substanz mit der materiellen, eine Gefahr, die auch Andrew Baxter 1735 in seiner „Inquiry into the Nature of the Human Soul" gegen Berkeley geltend gemacht hatte. Hume griff diesen Ansatzpunkt auf, und Peirce schreibt dazu: „Humes Philosophie ist nichts als die Berkeleys mit dieser Abwandlung und in skeptischerer Geisteshaltung abgefaßt. Der unschuldige Bischof brachte Hume hervor; und da niemand bestreitet, daß Hume der Ursprung der modernen Philosophie aller Richtungen ist, sollte Berkeley einen sehr viel bedeutenderen Platz in der Philosophiegeschichte einnehmen, als man ihm gewöhnlich einräumt." (Rezension zu Frasers Ausgabe der Werke von George Berkeley. In: Collected Papers 8.34; deutsch in: Schriften zum Pragmatismus und Pragmatizismus, hrsg. v. K.-O. Apel, Frankfurt a. M. ^{2}1976, S. 131).

In seiner berühmten Streitschrift „Materialismus und Empiriokritizismus", in der Lenin den dialektischen Materialismus gegen den sensualistischen Phänomenalismus von Ernst Mach und die Philosophie der reinen Erfahrung von Richard Avenarius verteidigt, beginnt er „Statt einer Einleitung" mit einem kritischen Referat der Philosophie Berkeleys. Er will damit jene neueren Philosophen auf diesen alten zurückführen, um so deren reaktionären Charakter zu unterstreichen. Dabei stellt Lenin fast mit Erstaunen fest, daß ein Berkeleyaner, nämlich A. C. Fraser, von seinem idealistischen Standpunkt aus an eine ähnliche Unterscheidung herankommt wie der Materialist F. Engels, nämlich die Einteilung aller Philosophen in die beiden großen Lager: hier die Materialisten, dort die Idealisten. Hätte Lenin Berkeley besser gekannt, so hätte er sich über diese Konvergenz nicht gewundert, sondern aus § 263 der „Siris" entnommen, daß diese Einteilung schon auf eine Schrift des Proklos aus dem fünften Jh. zurückgeht („In theologiam Platonis"). Doch solche geschichtlichen Zusammenhänge interessieren Lenin nicht, er sucht nur die Übereinstimmung zwischen Berkeley und Mach („Die alte Leier, verehrtester Herr Professor!"), denn es geht auch hier, wie in so vielen Abhandlungen zu Berkeley seit Eschenbach und Kant vor jeder genaueren Betrachtung um die Widerlegung. Diderot, der von Lenin zitiert wird, hatte wenigstens, trotz aller Schmähungen über den Idealismus, noch die Widerlegungsschwierigkeiten erkannt: „*Idealisten* werden diejenigen Philosophen genannt, die nur ihre eigene Existenz und die Existenz der Empfindungen, die sich in ihnen selbst abspielen, und nichts anderes anerkennen. Ein extravagantes System, das seine Entstehung, wie mir scheint, nur Blinden zu verdanken haben kann! Und dieses System ist zur Schande des menschlichen Geistes und der Philosophie am schwierigsten zu widerlegen, obwohl es am absurdesten ist." Abgesehen davon, daß diese Darstellung nicht Berkeley, sondern einen Solipsisten trifft, und daß es ein Akt der Ironie wäre, den Verfasser der „Theory of Vision" unter die Blinden zu rechnen, so sehen die meisten Widerleger, wie auch Lenin, stets nur, daß diese Philosophie „am absurdesten ist". Von diesem Abscheu vor der Absurdität war auch Kants „Widerlegung" geprägt, als er schrieb: „... so bleibt es immer ein Skandal der Philosophie und allgemeinen Menschenvernunft, das Dasein der Dinge außer uns (...) bloß auf Glauben annehmen zu müssen ..." (B XXXIX). Doch gefangen von der Absurdität vergißt man allzu leicht Diderots Bemerkung, daß sie „am schwierigsten zu widerlegen" sei.

Lenin kritisiert Mach, indem er ihn mit Berkeley in einen Topf wirft, ohne zu berücksichtigen, daß das erklärte Ziel Berkeleys der Kampf gegen die Feinde der christlichen Religion (Skeptiker, Freidenker, Atheisten) war, während Mach seine „Analyse der Empfindungen" mit einem „antimetaphysischen" Kapitel beginnt und seine Nachfolger oft der christlichen Religion keineswegs freundlich begegneten. Wie ist es möglich, daß der Sensualismus als der Vater des antimetaphysischen Positivismus von einem seiner stärksten Vertreter, nämlich Berkeley, zur Stärkung des christlichen Glaubens propagiert werden konnte? Einer Religion, für die Gott primär der Schöpfer und *ständige* Erhalter aller Dinge ist, mußte das immer wieder von der Naturphilosophie entwickelte Konzept einer aus sich selbst oder dem Zufall entstandenen Welt bzw. einer Welt, die nach festen Gesetzen ohne die ständige Erhaltung durch ihren Schöpfer selbständig besteht (Uhrwerkmetapher), als eine Bedrohung erscheinen. Der Kampf Berkeleys ging also vor allem darum, der Welt ihre Selbständigkeit und Unabhängigkeit von Gott zu bestreiten. Zugleich versuchte er das Ansehen derer, die diesem Unabhängigkeitsglauben Vorschub leisteten, nämlich das der neuzeitlichen, insbesondere der mechanistisch denkenden, Naturwissenschaftler und Mathematiker, zu schmälern. Die Ironie bzw. Folgerichtigkeit der Geistesgeschichte wollte es, daß die Reduktion der Welt auf Bewußtseinsinhalte und der damit beabsichtigte Nachweis ihrer Abhängigkeit vom Geist (Gottes), in dem Augenblick, in dem der göttliche Geist als Garant der Außenwelt in Zweifel gezogen wird, durch die Geistabhängigkeit der Welt vom menschlichen Geist selbst wieder zu einem Argument gegen die Existenz Gottes bzw. den Glauben an sie werden konnte. Außerdem zeigt dieser Vergleich zwischen Berkeley und Mach, daß die Bedeutung oder Wirkung philosophischer Argumente kontextabhängig ist. Nur so kann verständlich werden, daß der Sensualismus an Stellen der Geistesgeschichte auftreten kann, die in Bezug auf die beabsichtigte Wirkung so verschieden sind wie die von Berkeley und Mach.

Berkeley hatte von Anfang an einen Mehrfrontenkampf zu kämpfen. So schlägt ihm auch aus dem positivistischen und sprachanalytischen Lager Kritik entgegen. Und immer wieder gibt es falsche Darstellungen. Bertrand Russell stellt z. B. Berkeleys Philosophie anhand der „Drei Dialoge" dar (Philosophie des Abendlandes, Darmstadt ^{3}1954, S. 536–545), doch hat er offenbar den zweiten und den dritten Dialog, die er für „weniger interessant" hielt, zu wenig studiert. So kommt es, daß er Berkeley eine für denselben ganz abwegige Meinung unterstellt, nämlich die, er verwerfe die Behauptung „Es hat eine Zeit gegeben, zu der noch kein Leben auf diesen Planeten war". Diese Aussage hat Berkeley niemals bestritten, sondern den biblischen Schöpfungsbericht, in dem sie ja implizit enthalten ist, schon in seinem „Philosophischen Tagebuch", aber auch in den „Dialogen" ausdrücklich verteidigt.

Auch John L. Austin bleibt aufgrund seiner Unkenntnis der Berkeleyschen Schriften an der Oberfläche, wenn er dem Immaterialismus nur vorwirft, er sei „absurd" oder „pervers" (Berkeley hatte schon selbst zu oft die gegnerischen Auffassungen als „absurd" bezeichnet). Wie wenig hier der Grund, aus dem heraus Berkeley zu seiner Position gelangt war, verstanden wird, zeigt sich in der Entrüstung, die Austin ausdrückt: „Aber wie entsetzlich absurd ist es doch eigentlich zu meinen, daß ich *ein Urteil fälle,* wenn ich beschreibe, was direkt vor meinen Augen passiert!" (Sinn und Sinneserfahrung, hrsg. v. G. J. Warnock, Stuttgart 1975, S. 175) Austin ist der philosophiegeschichtlich naiven Überzeugung, daß wir uns zwar beim bloßen Hören einer Kutsche täuschen können, doch meint, beim Sehen sei es anders, „denn gerade durch das Sehen der Dinge wird die Frage eindeutig beantwortet" (S. 172). Diese blinde Gläubigkeit, die schon Eschenbach Berkeley entgegenhielt, läßt dem jahrtausendealten, bei Descartes zugespitzten Zweifel keine Möglichkeit, sich auch nur zu artikulieren. Schon Diogenes meinte, durch einen Spaziergang Zenons Leugnung der Bewegung *ad absurdum* führen zu können. Samuel Johnson war davon überzeugt, ein Tritt gegen einen Stein zeige die Absurdität der Berkeleyschen Philosophie. An solchen „zweifelsfreien" Haltungen wird vielleicht offenkundig, daß sich bestimmte philosophische Gedankengänge nur an den richten, der gewisse Denkerfahrungen gemacht hat, der z. B. gewisse Zweifel mitbringt, sie schon durchlaufen hat oder wenigstens „nachempfinden" kann (Vgl. Wittgensteins Vorwort zum „Tractatus logico-philosophicus").

Die meisten Widerlegungen beruhen auf einer ähnlichen Haltung wie die des berühmten Theologen Samuel Clarke, jenem Verteidiger Newtons im Briefwechsel mit Leibniz über die richtige Auffassung vom Raum. Berkeley versuchte, mit Clarke zu einer Auseinandersetzung über die „Prinzipien" zu gelangen, doch Clarke ließ Berkeleys Brief einfach unbeantwortet. Nur indirekt erfuhr Berkeley, Clarke habe keine Lust, sich in einen Disput über eine Sache einzulassen, die für ihn selbst schon klar sei, denn die Grundprinzipien von Berkeleys Philosophie seien falsch. Diese Reaktion auf Berkeleys Werk ist vielleicht exemplarisch: Berkeley gelang es trotz großer Anstrengungen kaum, seine Gegner dazu zu bewegen, sich mit seinen Gedanken intensiv auseinanderzusetzen. Und doch war er von Anfang an bemüht gewesen, alles zu vermeiden, was sein Publikum verschrecken könnte. Schon in seinen privaten Notizen hatte er sich selbst zur Vorsicht gegenüber dem Klerus ermahnt. Bei der Publikation seiner „Prinzipien" hatte er mit voller Absicht weder auf der Titelseite noch in der Widmung, weder im Vorwort noch in der Einleitung die Nichtexistenz der Materie auch nur erwähnt, um so dem Leser den paradoxen Inhalt behutsam beizubringen. Doch all diese Diplomatie war ohne Erfolg geblieben.

Zu diesen vorsichtigen Kommunikationsversuchen mit dem Ziel, den Leser u. a. auch durch rhetorisches Geschick zu gewinnen, gehören auch die „Drei Dialoge". Das Ergebnis dieser Bemühung ist eine philosophische Unterhaltung zwischen Hylas (von Griechisch hyle = Stoff) und Philonous (philos = Freund, nous = Geist). Hylas ist der Vertreter des Materialismus, der sich allerdings selbst als Christ bezeichnet, er ist sozusagen der wissenschaftlich „gebildete", aber vorurteilsbeladene Durchschnittsmensch. Philonous vertritt den Immaterialismus und Spiritualismus, er ist die Stimme Berkeleys.

Daß Berkeley die Dialogform zur Darlegung seiner Philosophie wählte, hat wohl mehrere Gründe: Die Dialogform war im 18. Jh. eine auch unter Philosophen weitverbreitete Darstellungsart, sowohl Leibniz als auch Hume haben sich ihrer bedient. Das Hin und Her des Gesprächs war für Berkeleys apologetische Absicht besonders gut geeignet. Wahrscheinlich kam aber auch noch hinzu, daß Berkeley zur Zeit der Niederschrift der „Dialoge" am Trinity College in Dublin Griechisch zu lehren und daher wohl auch ständig Platon vor Augen hatte. Der Dialog gab ihm Gelegenheit, seine philosophischen Gedanken so zu äußern, daß der Leser scheinbar als Außenstehender daran teilnehmen kann, weil sie ihm nicht als feststehende Behauptungen in fertigem Zustand vorgesetzt werden, sondern der Dialog diese Gedanken gleichsam erst entstehen läßt.

Berkeley ist Prediger, er will nicht nur eine These aufstellen, er will überzeugen, er will auch überreden, denn es geht ihm nicht nur um ein philosophisches Gedankenspiel, sondern um die Verteidigung der Religion gegen Skeptizismus und Atheismus. In seinem Immaterialismus treffen sich so zwei Gedankenbewegungen: einerseits die theologische Anstrengung, nichts von Gott Unabhängiges, Selbständiges, also kein bewußtseinsunabhängiges Ding an sich, keine materielle Substanz zuzulassen, andererseits das neuzeitliche philosophische Streben nach absoluter Erkenntnisgewißheit, das sich in Descartes' Rückgang auf die absolute Selbstgewißheit des erkennenden bzw. zweifelnden Subjekts manifestiert hat. Zugleich ist sich Berkeley der Bedeutung der Wissenschaft für seine Zeit bewußt. Die Philosophie kann nicht mehr ohne Rücksicht auf die große wissenschaftliche Entwicklung der Neuzeit betrieben werden. D. h. jede neue Philosophie wird immer auch im Hinblick auf ihre Verträglichkeit mit den Wissenschaften beurteilt werden. Daher berücksichtigt Berkeley im Untertitel zu seinen „Drei Dialogen" diese drei Aspekte: 1. Erkenntnisgewißheit, 2. Beweis von Gott und Unsterblichkeit, 3. Wissenschaftsdienlichkeit. Der vollständige Titel der ersten Ausgabe lautet daher (in deutscher Übersetzung): „Drei Dialoge zwischen Hylas und Philonous, deren Absicht ist, die Wirklichkeit und Vollkommenheit menschlicher Erkenntnis, die unkörperliche Natur der Seele und die unmittelbare Vorsehung einer Gottheit klar zu beweisen in Opposition zu Skeptikern und Atheisten; auch, eine Methode zu enthüllen, die Wissenschaften leichter, nützlicher und knapper zu machen".

5. Zur Struktur des Textes

Während Berkeley in seinen anderen Schriften dem Brauch folgte, den Text in einzelne Paragraphen einzuteilen und die Abschnitte zu numerieren, ließ er bei den „Dialogen", abgesehen von der Gliederung in die drei Tage, jede Einteilung weg. Um dem Leser eine Orientierungshilfe und vielleicht auch eine bequeme Verweismöglichkeit (z. B. für die Seminararbeit) zu geben, habe ich die von Turbayne eingeführte Paragrapheneinteilung übernommen. Um Textvergleiche zu erleichtern, habe ich sie auch dort beibehalten, wo ich sie nicht für die beste halte. Solche Differenzen ergeben sich vor allem im dritten Dialog, der von den einzelnen Editoren verschieden gegliedert wurde. Wo Fraser nur 18 Einwände und Widerlegungen erkannte – er überging z. B. die besonders triftigen von Gott als dem Urheber der Sünde (§ 7) und von Gott als dem Betrüger (§ 14) – sah Eschenbach schon 21. Ich selbst meine darin (mindestens) 24 Einwände mit Erwiderungen auseinanderhalten zu müssen.

Die relativ zahlreichen Rückverweise auf das „Philosophische Tagebuch“ sollen u. a. deutlich machen, daß viele Argumente Berkeleys schon älter sind als die Veröffentlichung der „Prinzipien“.

Die im Inhaltsverzeichnis gegebene Gliederung des Textes, die gleichzeitig als kurze Inhaltsangabe dienen kann, soll vor allem die Struktur und die Argumentationsfolge der „Dialoge“ sichtbar machen, sie steht nicht für eine über diesen Rahmen hinausgehende Analyse der einzelnen Argumente selbst.

AUSGEWÄHLTE LITERATURHINWEISE

Einzelausgaben der „Dialoge“

1713 Three Dialogues between Hylas and Philonous. London.
1725 Three Dialogues between Hylas and Philonous. London („The Second Edition“, Restexemplare der 1. Ausgabe).
1734 Three Dialogues between Hylas and Philonous. London (als Anhang zu „A Treatise Concerning the Principles of Human Knowledge“).
1750 Dialogues entre Hylas et Philonous. Amsterdam.
1756 Sammlung der vornehmsten Schriftsteller die die Würklichkeit ihres eigenen Körpers und der ganzen Körperwelt läugnen. Enthaltend des Berkeleys Gespräche zwischen Hylas und Philonous. und des Colliers Allgemeinen Schlüssel. Übersetzt und mit wiederlegenden Anmerkungen versehen nebst einem Anhang Worin die Würklichkeit der Körper erwiesen wird von Joh. Christ. Eschenbach. Rostock (übersetzt nach der französischen Ausgabe von 1750).
1776 Three Dialogues between Hylas and Philonous. London.
1781 Philosophische Werke. Erster Teil (einziger Teil). Leipzig.
1901 Berkeley's drei Dialoge zwischen Hylas und Philonous. Ins Deutsche übersetzt und mit einer Einleitung versehen von Raoul Richter. Leipzig (Philos. Bibliothek Bd. 102).
1926 Drei Dialoge zwischen Hylas und Philonous. Übers. von Raoul Richter, 2. Aufl. hrsg. von Raymund Schmidt. Leipzig (Philos. Bibliothek Bd. 102).
1955 Drei Dialoge zwischen Hylas und Philonous. Mit Einleitung und Anmerkungen neu herausgegeben von Georg Mende (Übersetzung von Raoul Richter in der Bearbeitung von Erwin Pracht). Berlin (Akademie-Verlag).

Werkausgaben

1784 Dublin/London. (Ed. Joseph Stock?) 2 Bde. (Nachdr. London 1820, 3 Bde.; London 1837, 1 Bd.).
1843 London. Ed. G.N. Wright. 2 Bde.
1871 Oxford. Ed. A.C. Fraser, 4 Bde.

1897/98 London. Ed. G. Sampson. 3 Bde.
1901 Oxford. Ed. A.C. Fraser. 4 Bde. (nicht identisch mit der Ausgabe von 1871).
1948–1957 Edinburgh. Ed. A.A. Luce / T.E. Jessop. 9 Bde. (Nachdr. 1964 u. 1979).

Biographien

Fraser, A. C., Life and Letters of George Berkeley. Oxford 1871.
Balfour, A. J., Biographical Introduction. In: The Works of George Berkeley, ed. G. Sampson. London 1897.
Rand, Benjamin, Berkeley and Percival. Cambridge 1914.
Hone, J.M./Rossi, M.M., Bishop Berkeley: His Life, Writings, and Philosophy. With an introduction by W. B. Yeats. London 1931.
Luce, A.A., The Life of George Berkeley, Bishop of Cloyne. Edinburgh 1949 (reprinted with new preface, New York 1968).

Bibliographien

Turbayne, Colin Murray/Ware, Robert, A Bibliography of George Berkeley 1933–1962. In: The Journal of Philosophy 60 (1963), 93–112.
Jessop, T.E., A Bibliography of George Berkeley. (With an inventary of Berkeley's manuscript remains by A.A.Luce) New York 1934; The Hague ²1973.
Keynes, Geoffrey, A Bibliography of George Berkeley, Bishop of Cloyne: His Works and his Critics in the Eighteenth Century. London 1976.
Turbayne, Colin Murray/Appelbaum, Robert, A Bibliography of George Berkeley 1963–1974. In: Journal of the History of Philosophy 15 (1977), 83–95.

Deutsche Übersetzungen anderer Schriften Berkeleys

Philosophisches Tagebuch (Philosophical Commentaries). Übersetzt und herausgegeben von Wolfgang Breidert. Hamburg 1979 (Philos. Bibliothek Bd. 318).
Versuch über eine neue Theorie des Sehens und Die Theorie des Sehens oder der visuellen Sprache ... verteidigt und erklärt. Übers. u. hrsg. von Wolfgang Breidert unter Mitw. von Horst Zehe. Hamburg 1987 (Philos. Bibliothek Bd. 399).

Eine Abhandlung über die Prinzipien der menschlichen Erkenntnis. Nach der Übers. von Friedrich Ueberweg mit Einl., Anm. u. Registern neu hrsg. von Alfred Klemmt. Hamburg 1957 (Verb. Nachdr. 1979) (Erste Auflage in Philos. Bibliothek 1869).
Schriften über die Grundlagen der Mathematik und Physik. Einl. u. Übers. von Wolfgang Breidert. Frankfurt a. M. 1969 (enthält: Of Infinites, The Analyst und De Motu).
Alciphron. Übers. u. hrsg. von Luise und Friedrich Raab. Leipzig 1915 (Philos. Bibliothek Bd. 156).
Siris. Übers. u. hrsg. von Luise und Friedrich Raab. Leipzig 1913 (Philos. Bibliothek Bd. 149).

Rezensionen zu den „Drei Dialogen"

Journal Literaire, t. I, La Haye 1713 (May/Juin), pp. 147–160 (Nachdr. Genève 1968, pp. 47–51).
Mémoires de Trévoux, Déc. 1713, pp. 2198–2199.
Acta Eruditorum 1727 (August), pp. 379–383.
Mémoires de Trévoux, Mars 1750, pp. 675–690 (zur frz. Übers.).
Windheim, Christian Ernst von, Philosophische Bibliothek, Bd. 4, Hannover 1751, S. 341–355.
Windheim, Christian Ernst von, Bemühungen der Weltweisen vom Jahr 1700 bis 1750, Bd. 3, Nürnberg 1752, S. 65–66.

Literatur zu Berkeley und den „Drei Dialogen"

Jaffé, George, Über die räumliche Anschauungsform. Vierter Dialog zu Berkeleys drei Dialogen zwischen Hylas und Philonous. In: Vierteljahrsschrift für wissenschaftliche Philosophie und Soziologie 33 (N.F. 8) (1909), 31–65.
Cahn, Leo, Darstellung und Kritik von Berkeleys drei Dialogen zwischen Hylas und Philonous. (Diss. Gießen) Marburg 1915.
Erdmann, Benno, Berkeleys Philosophie im Lichte seines wissenschaftlichen Tagebuchs. Berlin 1919 (Abhandlg. d. Preuß. Akad. d. Wiss., Philos.-histor. Klasse, Nr. 8).
Cassirer, Ernst, Berkeley. In: Das Erkenntnisproblem in der Philosophie und Wissenschaft der neueren Zeit, Bd. 2. 3. Aufl. 1922 (Nachdr. Darmstadt 1971), S. 275–327.
Stammler, Gerhard, Berkeleys Philosophie der Mathematik. Berlin 1922 (Kantstudien Ergänzungsheft Nr. 55).

Johnston, G.A., The Development of Berkeley's Philosophy. London 1923 (Reprinted New York 1965).

Metz, Rudolf, George Berkeley – Leben und Lehre. Stuttgart 1925 (Nachdr. Stuttgart-Bad Cannstatt 1968).

Hicks, G. Dawes, Berkeley. London 1932.

Luce, A.A., Berkeley and Malebranche. Oxford 1934.

Wild, John, George Berkeley – A Study of His Life and Philosophy. Cambridge 1936.

Wimmer, Hans Alfred, Neue Dialoge zwischen Hylas und Philonous. Gespräche über den Kausalzusammenhang des Bewußtseins und die Grundlagen der transscendentalen Philosophie. Heidelberg 1938.

Luce, A.A., Berkeley's Immaterialism. A Commentary on his „A Treatise Concerning the Principles of Human Knowledge". Edinburgh 1945 (Reprinted New York 1968).

Fritz, Anita Dunlevy, Malebranche and the Immaterialism of Berkeley. The Review of Metaphysics 3 (1949/50), 59–80.

Warnock, G.J., Berkeley. London 1953.

Wisdom, J.O., The Unconscious Origins of Berkeley's Philosophy. London 1953 (New York 1957).

Bunge, Mario, New Dialogues Between Hylas and Philonous. Philosophy and Phenomenological Research 15 (1954/55), 192–199.

Turbayne, Colin M., Kant's Refutation of Dogmatic Idealism. Philosophical Quarterly 20 (1955), 225–244.

Gueroult, Martial, Berkeley, quatre études sur la perception et sur Dieu. Paris 1956.

Jessop, T.E., George Berkeley. London 1959.

Leroy, André-Louis, George Berkeley. Paris 1959.

Rauter, Herbert, „The Veil of Words". Sprachauffassung und Dialogform bei George Berkeley. Anglia 79 (1962), 378–404.

Luce, A.A., The Dialectic of Immaterialism. London 1963.

Davie, Donald, Berkeley and the Style of Dialogue. In: The English Mind, ed. by Hugh Sykes Davies and George Watson. Cambridge 1964, pp. 90–106.

Turbayne, Colin M., Introduction. In: G. Berkeley: Principles, Dialogues, and Philosophical Correspondence, ed. by C.M. Turbayne. Indianapolis and New York 1965, pp. VII–XXXIV.

Ardley, Garvin, Berkeley's Renovation of Philosophy. The Hague 1968.

Stack, George, Berkeley's Analysis of Perception. The Hague u. Paris 1970 (Studies in Philosophy XXI).

Bennett, Jonathan, Locke, Berkeley, Hume. Central Themes. Oxford 1971.

Imlay, R.A., Berkeley on Abstract General Ideas. In: Journal of the History of Philosophy 9 (1971), 321–328.

Wilson, Margaret D., Kant and ‚The Dogmatic Idealism of Berkeley'. Journal of the History of Philosophy 9 (1971), 459–476.

Park, Désirée, Complementary notions. A critical study of Berkeley's theory of concepts. The Hague 1972.

Brook, Richard J., Berkeley's Philosophy of Science. The Hague 1973.

Miller, George, Kant and Berkeley: The Alternative Theories. Kant-Studien 64 (1973), 315–335.

Bracken, Harry M., Berkeley. London 1974.

Gallois, André, Berkeley's Master Argument. Philosophical Review 83 (1974), 55–68.

Tipton, I.C., Berkeley – The Philosophy of Immaterialism. London 1974.

Brykman, Geneviève, Berkeley: sa lecture de Malebranche à travers le dictionnaire de Bayle. In: Revue internationale de philosophie 29 (1975), 496–514.

Huber, Carlo E., Der englische Empirismus als Bewußtseinsphilosophie: Seine Eigenart und das Problem der Geltung von Bewußtseinsinhalten in ihm. Gregorianum 58 (1977), 641–674.

Peirce, Charles S., Rezension zu Frasers Ausgabe der Werke von George Berkeley (1871). Collected Papers 8.7 – 8.38; deutsch (gekürzt) in: Schriften zum Pragmatismus und Pragmatizismus, hrsg. von K.-O. Apel, Frankfurt a. M. ²1976, S. 106–138.

Pitcher, George, Berkeley. London usw. 1977.

Silver, Bruce, The Conflicting Microscopic Worlds of Berkeley's *Three Dialogues*. Journal of the History of Ideas 37 (1976), 343–349.

Thomas, George H., Berkeley's God Does Not Perceive. Journal of the History of Philosophy 14 (1976), 163–168.

Woozley, A.D., Berkeley's Doctrine of Notions and Theory of Meaning. Journal of the History of Philosophy 14 (1976), 427–436.

Brykman, Geneviève, Berkeley, lecteur et critique de Spinoza. In: Recherches sur le XVIIème siècle, II, ed. A. Robinet. Paris (C.N.R.S.) 1978, pp. 173–192.

Huber, Carlo E., Die Vollendung des englischen Empirismus als Bewußtseinsphilosophie. Gregorianum 59 (1978), 129–174.

Breidert, Wolfgang, George Berkeley: Wahrnehmung und Wirklichkeit. In: Josef Speck (Hrsg.): Grundprobleme der großen Philosophen, Philosophie der Neuzeit I. Göttingen 1979, S. 211–239.

Dicker, Georges, Two Arguments from Perceptual Relativity in Berkeley's Dialogues Between Hylas and Philonous. Southern Journal of Philosophy 20 (1982), 409–422.

Lambert, Richard T., The Literal Intent of Berkeley's Dialogues. Philosophy and Literature 6 (1982).

Kulenkampff, Arend, George Berkeley. München 1987.

Breidert, Wolfgang, George Berkeley 1685–1753. Basel 1989 (Vita mathematica Bd. 4).

Aufsatzsammlungen

British Journal for the Philosophy of Science, vol.4 (1953).

Hermathena, vol. 82 (1953).

Revue philosophique de la France et de l'étranger, t. 78 (1953).

Revue internationale de philosophie, t. 7 (1953).

Pepper, Stephen C. / Aschenbrenner, Karl /Mates, Benson (Eds.), George Berkeley – Lectures delivered before the Philosophical Union of the University of California. Berkeley / Los Angeles 1957.

Steinkraus, Warren E. (Ed.), New Studies in Berkeley's Philosophy. New York 1966.

Engle, Gale W. / Taylor, Gabriel (Eds.), Berkeley's Principles of Human Knowledge. Belmont, Calif. 1968.

Martin, C.B. / Armstrong, David M. (Eds.), Locke and Berkeley – A Collection of Critical Essays. London / Melbourne 1968.

McMullin, Ernan (Ed.), The Concept of Matter in Modern Philosophy. Notre Dame / London 1978 (nicht vorwiegend unmittelbar zu Berkeley).

Turbayne, Colin M. (Ed.), Berkeley – Critical and Interpretative Essays. Manchester (New Hampshire) 1982.

Foster, John/Robinson, Howard (Eds.), Essays on Berkeley. Oxford 1985.

Revue internationale de philosophie No. 154 (1985).

Wijsgerig perspectief op maatschappij en wetenschap, Jg. 26 (No. 2), 1985/86.

Sosa, Ernest (Ed.), Essays on the Philosophy of George Berkeley. Dordrecht 1987.

DREI

DIALOGE

ZWISCHEN

Hylas und *Philonous.*

Deren Absicht es ist,

die Wirklichkeit und Vollkommenheit der menschlichen Erkenntnis, die unkörperliche Natur der Seele und die unmittelbare Vorsehung einer GOTTHEIT klar darzutun:

zur Bekämpfung von

SKEPTIKERN und *ATHEISTEN,*

ZUGLEICH,

um ein VERFAHREN einzuführen, die WISSENSCHAFTEN leichter, nützlicher und knapper zu gestalten.

Von *Georg Berkeley*, M. A. Fellow des *Trinity*-College, *Dublin.*

LONDON:

Gedruckt von *G. James,* für HENRY CLEMENTS, im *Halbmond*, S. *Paul's* Churchyard. MDCCXIII.

Dem sehr ehrenwerten Lord Berkeley von Stratton *

Urkundenbewahrer im Königreich Irland, Kanzler des Herzogtums Lancaster und einer der Lords von Ihrer Majestät höchst ehrenwertem Geheimen Rat

Mein Lord,

Tugend, Gelehrsamkeit und gesunder Verstand, die, wie allgemein anerkannt, Euren Charakter auszeichnen, könnten mich in Versuchung bringen, mir das Vergnügen zu gönnen, das naturgemäß darin liegt, denen Beifall zu spenden, die wir achten und ehren; und bedeutungsvoll dürfte wohl für die Untertanen Großbritanniens die Kenntnis sein, daß Euer hervorragender Anteil an der Gunst Eurer Königin und die Euch erwiesenen Ehrungen nicht auf irgendeine Bewerbung von seiten Eurer Lordschaft erfolgt sind, sondern entsprungen sind aus Ihrer Majestät eigener Erwägung, der Würdigung Eurer persönlichen Verdienste und der Neigung, solche zu belohnen. Aber, da Euer Name dieser Abhandlung in der Absicht vorangestellt ist, einzig mir damit Ehre anzutun, so sage ich nur, daß mich die Gunst, die Ihr mir erwiesen habt, ermutigt, diese Blätter Eurer Lordschaft zuzueignen. Dies ließ ich mir um so mehr angelegen sein, als keinem die Widmung einer philosophischen Abhandlung so sehr gebührte wie einem Manne vom Charakter Eurer Lordschaft, der Ihr mit Euren übrigen Vorzügen die Kenntnis der Philosophie und den Geschmack an derselben verbindet.

Ich bin in größter Ehrfurcht, mein Lord,
Eurer Lordschaft ganz gehorsamer
und ganz ergebener Diener
George Berkeley

VORWORT *

Obgleich es die allgemeine Ansicht der Welt sowie die
Absicht der Natur und der Vorsehung zu sein scheint, das
Endziel der Forschung in der Anwendung zu suchen, d. h.
in der Verbesserung und Regelung unseres Lebens und un-
serer Handlungen, so sind anscheinend doch die, welche am
meisten spekulativen Forschungen ergeben sind, hierüber
ebenso allgemein anderer Ansicht. Und in der Tat, wenn man
sieht, welche Mühe man aufgewandt hat, um die einfachsten
Dinge zu verwirren — dies Mißtrauen in die Sinne, diese
Zweifel und Bedenken, diese Abstraktionen und Künsteleien,
die man gleich am Eingang der Wissenschaften antrifft —, so
wird man sich nicht wundern, wenn sich Leute von Muße und
Wißbegier in fruchtlosen Untersuchungen erschöpft haben,
ohne sich den praktischen Seiten des Lebens zuzuwenden
oder sich auf nützlicheren und wichtigeren Wissensgebieten
Kenntnisse anzueignen. Nach den gewöhnlichen Grundlehren
der Philosophen verbürgt uns die Wahrnehmung von Dingen
nicht ihr Dasein. Und man lehrt uns, die wirkliche Natur der
Dinge von derjenigen zu unterscheiden, die in den Bereich
unserer Sinne fällt. Hieraus entstehen Skeptizismus und Para- *
doxe. Es genügt nicht, daß wir ein Ding sehen und fühlen,
schmecken und riechen; seine wahre Natur, seine absolute,
außer uns existierende Wesenheit, bleibt immer noch ver-
borgen. Denn wir haben sie, obwohl sie nur die Erdichtung
unseres eigenen Gehirns ist, allen unseren Fähigkeiten unzu-
gänglich gemacht: Die Sinne trügen, die Vernunft ist mangel-
haft. Wir bringen unser Leben zu mit Zweifeln an Dingen,

die andere Leute offenbar kennen, und im Glauben an Dinge, die andere lächerlich und verächtlich finden.

Um daher den vielbeschäftigten menschlichen Geist von eitlen Nachforschungen abzulenken, schien es notwendig, den Ursprung seiner Verwirrungen zu untersuchen und, wenn möglich, solche Grundsätze aufzustellen, die sich durch leichte Lösung dieser Verwirrungen, zugleich durch eigene natürliche Klarheit, sofort als echt dem Geist empfehlen und ihn von jenen endlosen Bestrebungen, in die er sich eingelassen hat, befreien. Solches sowie eine deutliche Darlegung der unmittelbaren Vorsehung eines allsehenden Gottes und der natürlichen Unsterblichkeit der Seele möchten die beste Vorbereitung und auch der stärkste Beweggrund sein zur Erlernung und Übung der Tugend.

Diese Absicht verfolgte ich in dem I. Teile einer im Jahre 1710 erschienenen Abhandlung über die „Prinzipien der menschlichen Erkenntnis“ *(Principles of Human Knowledge);* * aber bevor ich mich an die Veröffentlichung des II. Teiles machte, hielt ich es für erforderlich, gewisse im I. Teil niedergelegte Grundlehren klarer und ausführlicher abzuhandeln und in ein neues Licht zu setzen. Dies ist der Sinn der folgenden Dialoge.

In dieser Abhandlung, die bei dem Leser keinerlei Kenntnis des Inhalts der vorigen voraussetzt, war es mein Ziel, die von mir vertretenen Ansichten dem Geist in der leichtesten Art zugänglich zu machen, zumal da sie in starkem Widerspruch zu den Vorurteilen der Philosophen stehen, die bis heute den gesunden Menschenverstand und die natürlichen Begriffe der Menschen beherrschten.

Wenn die Grundlehren, um deren Verbreitung ich mich hier bemühe, einmal als wahr angenommen sind, so wird dies, wie mir scheint, ersichtlich zur Folge haben, daß Atheismus und Skeptizismus gänzlich vernichtet, viele verwickelte Fragen aufgeklärt, verschiedene nutzlose Gebiete der Wissenschaft abgestoßen werden, die Spekulation auf die Praxis bezogen und der Mensch von Paradoxien auf den gesunden Verstand zurückgeführt wird.

Und wenn auch einigen vielleicht die Überlegung unbehaglich vorkommt, daß sie nach einem Kreislauf durch so viele verfeinerte und ungewöhnliche Begriffe dahin gelangen sollten, wie andere Leute auch zu denken, so finde ich doch diese Rückkehr zu den einfachen Eingebungen der Natur nach der Wanderung durch die wilden Irrgänge der Philosophie nicht unerfreulich. Es ist wie die Heimkehr nach einer langen Reise; mit Vergnügen blickt man auf mancherlei Schwierigkeiten und Wirrnisse, die man erlebt hat, zurück, und genießt in gemächlicher Ruhe fortan sein Leben befriedigter. *

In der Absicht, Skeptiker und Ungläubige durch Vernunftgründe zu überzeugen , bemühte ich mich, die strengsten Gesetze des Schließens peinlich zu beachten. Und einem unparteiischen Leser wird es hoffentlich einleuchten, daß die erhabene Vorstellung eines Gottes und die tröstliche Erwartung der Unsterblichkeit naturgemäß einer straffen und methodischen Gedankenarbeit entspringen — was auch immer das Ergebnis jener ungebundenen, unsteten Art sein möge, die gewisse Libertins des Gedankens, die ebensowenig den Zwang der Logik wie den der Religion oder der Regierung ertragen können, nicht eben ganz unpassend *Freidenkertum* genannt haben. *

Man wird vielleicht meinem Vorhaben entgegenhalten, es könne, soweit es die Entlastung des Geistes von schwierigen und nutzlosen Untersuchungen bezweckt, nur einige wenige spekulative Köpfe angehen. Aber wenn dadurch, daß deren Forschungen in die richtige Bahn gelenkt werden, das Studium der Moral und des Naturrechts unter begabten und talentreichen Männern mehr aufkäme, die zum Skeptizismus führende Entmutigung aufgehoben, der Maßstab für Recht und Unrecht genau bestimmt würde und die Grundsätze der natürlichen Religion in ein regelrechtes System, so kunstvoll gegliedert und klar verbunden wie die anderer Wissenschaften gebracht würden, so wäre es gewiß nicht unbegründet, anzunehmen, daß diese Wirkungen nicht nur einen allmählichen Einfluß auf die Erneuerung des überall arg entstellten Tugendsinnes haben würden; denn sie zeigten, daß die Gebiete der Offenbarung, die im Bereich der menschlichen Forschung liegen, der rechten Vernunft am besten entsprechen, so daß deshalb jeder verständige und vorurteilslose Mensch bescheiden und behutsam an die Behandlung derjenigen heiligen Geheimnisse ginge, die unsere Fassungskraft übersteigen.

Zum Schluß bitte ich den Leser, mit seinem Urteil über diese Dialoge zurückzuhalten, bis er sie ganz durchgelesen hat. Sonst könnte er sie aus Mißverständnis ihrer Absicht oder wegen Schwierigkeiten und Einwürfen, die er im folgenden beantwortet fände, beiseite legen. Eine Abhandlung dieser Art erfordert, daß man sie einmal im Zusammenhang liest, um ihr Ziel, die Beweise, die Lösung der Schwierigkeiten und die Verbindung und Anordnung ihrer Teile zu
* begreifen. Erscheint sie wert, zweimal gelesen zu werden, so wird dies meiner Meinung nach den ganzen Plan sehr deutlich machen, besonders, wenn man einen Versuch zu Hilfe
* nimmt, den ich vor einigen Jahren über das Sehen *(Vision)* geschrieben habe, sowie die Abhandlung über die Prinzipien der menschlichen Erkenntnis, in denen verschiedene in diesen Dialogen vertretene Ansichten weiter verfolgt oder in andere Beleuchtung gebracht und anderweitige Fragen erörtert werden, die naturgemäß dazu dienen, sie zu bestätigen und zu erläutern.

ERSTER DIALOG

Philonous: Guten Morgen, Hylas; ich erwartete nicht, 1
dich so früh draußen zu finden.

Hylas: Es ist allerdings ungewöhnlich; aber meine Gedanken waren so völlig von einem Gegenstand in Anspruch genommen, über den ich mich gestern abend unterhielt, daß ich nicht schlafen konnte und aufzustehen beschloß, um einen Gang durch den Garten zu machen.

Phil.: Ein glücklicher Zufall, der dir zeigt, welch unschuldige und anmutige Freuden du dir jeden Morgen entgehen läßt. Kann es eine angenehmere Tagesstunde oder eine entzückendere Jahreszeit geben? Dieser Purpurhimmel, diese kunstlosen aber süßen Weisen der Vögel, der duftige Flor auf Bäumen und Blumen, die wohltätige Wirkung der aufsteigenden Sonne, diese und noch tausend namenlose Schönheiten der Natur wecken geheimes Entzücken in der Seele; auch eignen sich ihre Fähigkeiten, die um diese Zeit frisch und belebt sind, zu solchen Betrachtungen, wie sie uns die Einsamkeit eines Gartens und die Stille des Morgens naturgemäß nahelegen. Aber ich fürchte, deine Gedanken zu unterbrechen; denn es schien dich etwas sehr zu beschäftigen.

Hyl.: So war es, und ich wäre dir dankbar, wenn ich der Sache weiter nachgehen dürfte. Nicht, daß ich mich irgendwie deiner Gesellschaft entziehen möchte, denn meine Gedanken fließen stets leichter in Unterhaltung mit einem Freunde dahin, als wenn ich allein bin; sondern ich möchte dich bitten, dir meine Überlegungen mitteilen zu dürfen. *

Phil.: Herzlich gern höre ich sie an; ich hätte dich selbst darum gebeten, wärest du mir nicht zuvorgekommen.

Hyl.: Ich dachte über das ungewöhnliche Geschick derjenigen nach, die zu allen Zeiten aus dem Bedürfnis heraus, sich von dem einfachen Volk zu unterscheiden, oder aus einer unerklärlichen Denkrichtung heraus vorgegeben haben, überhaupt nichts oder die überspanntesten Dinge der Welt zu glauben. Dies möchte noch angehen, wenn nicht ihre paradoxen Behauptungen und ihre Skepsis allerlei für die Menschheit allgemein schädliche Folgen nach sich zögen. Aber das Schlimme dabei ist: daß Leute, die weniger Muße haben, bei solchen, die nach ihrer Annahme ihre ganze Zeit auf die Bereicherung ihrer Erkenntnis verwenden, sehen müssen, daß sie sich zu einer gänzlichen Unwissenheit in allen Dingen bekennen oder solche Ansichten (notions) vertreten, die den einfachen und allgemein anerkannten Grundsätzen (principles) widersprechen. So werden sie versucht sein, Verdacht gegen die wichtigsten Wahrheiten zu schöpfen, die sie bisher als heilig und unwiderlegbar hingenommen hatten.

Phil.: Ich bin völlig deiner Meinung über die schlimme Wirkung der affektierten Zweifel einiger Philosophen und der phantastischen Einfälle von anderen. Ich bin sogar neulich hierin so weit gegangen, einige der in ihren Schulen erworbenen erhabenen Begriffe für gewöhnliche Anschauungen (opinions) aufzugeben. Und ich gebe dir mein Wort, seit diesem Abfall von den metaphysischen Begriffen zu den einfachen Eingebungen der Natur und des gesunden Menschenverstandes (common sense) finde ich meine Erkenntnis wundersam erleuchtet, so daß ich jetzt mit Leichtigkeit sehr viele Dinge verstehe, die vorher nur Geheimnis und Rätsel waren.

Hyl.: Es ist mir lieb, zu finden, daß an den Berichten, die ich über dich hörte, nichts Wahres ist.

Phil.: Darf ich fragen, wie sie lauteten?

Hyl.: Man stellte es in der Unterhaltung von gestern abend so dar, als verträtest du die überspannteste Ansicht, die jemals in eines Menschen Geist Eingang gefunden, nämlich: es gäbe gar nicht so etwas wie *materielle Substanz* (material substance) in der Welt.

Phil.: Daß nichts derartiges existiert, was die Philosophen als *materielle Substanz* bezeichnen, ist meine ernstliche Überzeugung; doch wenn man mir hierin irgend etwas Sinnloses (absurd) oder Zweifelhaftes nachwiese, so hätte ich * denselben Grund, sie aufzugeben, den ich jetzt zu haben glaube, die gegensätzliche Meinung zu verwerfen.

Hyl.: Wie! Kann es wohl etwas Phantastischeres, dem gesunden Menschenverstand Widersprechenderes oder einen deutlicheren Beweis von Skeptizismus geben als der Glaube, daß es so etwas wie *Materie* (matter) nicht gäbe?

Phil.: Gemach, guter Hylas. Wenn sich nun zeigte, daß du, der du behauptest, sie existiert, auf Grund dieser Meinung ein größerer Skeptiker bist und mehr Paradoxe und dem gesunden Menschenverstand Entgegengesetztes vertrittst als ich, der nichts derartiges glaubt?

Hyl.: Du könntest mich ebenso leicht überzeugen, der Teil sei größer als das Ganze, als daß ich, um Sinnlosigkeit und Skeptizismus zu vermeiden, jemals meine Meinung in dieser Frage aufgeben müßte.

Phil.: Gut denn: bist du einverstanden, diejenige Ansicht als wahr gelten zu lassen, die, wie sich bei näherer Prüfung herausstellt, dem gesunden Menschenverstand am meisten entspricht und vom Skeptizismus so weit wie möglich entfernt ist?

Hyl.: Von ganzem Herzen. Da du Lust hast, über die einfachsten Dinge in der Natur Streitfragen aufzuwerfen, so bin ich damit einverstanden, mir das, was du vorzubringen hast, anzuhören.

Phil.: Sag, Hylas, was verstehst du unter einem Skeptiker?

Hyl.: Was jedermann darunter versteht — einen, der an allem zweifelt.

Phil.: Wer also über eine bestimmte Sache keinen Zweifel hegt, kann im Hinblick darauf nicht für einen Skeptiker gehalten werden.

Hyl.: Einverstanden.

Phil.: Besteht nun Zweifeln darin, daß man sich in einer Frage auf die bejahende oder verneinende Seite stellt?

Hyl.: In keinem von beiden; denn wer deutsch versteht, muß wissen, daß Zweifeln die Schwebe zwischen beiden bedeutet.

Phil.: Wer also irgend etwas ableugnet, von dem kann man ebensowenig sagen, daß er es bezweifelt, wie von einem, der es mit derselben Bestimmtheit bejaht.

Hyl.: Das ist wahr.

Phil.: Und er ist folglich wegen dieses Leugnens ebensowenig ein Skeptiker wie der andere?

Hyl.: Das gebe ich zu.

Phil.: Wie kommt es also denn, Hylas, daß du mich für einen Skeptiker erklärst, weil ich leugne, was du bejahst, nämlich das Dasein der Materie? Bin ich doch, wie du schon weißt, ebenso entschieden in meinem Leugnen wie du in deiner Bejahung.

Hyl.: Halt, Philonous, ich habe in meiner Definition etwas fehlgegriffen; aber man muß nicht auf jeden Fehler, den einer im Gespräch tut, Gewicht legen. Ich sagte freilich, ein Skeptiker sei, wer an allem zweifelt; oder — so hätte ich hinzufügen sollen — wer die Wirklichkeit und Wahrheit (reality and truth) der Dinge leugnet.

Phil.: Welcher Dinge? Meinst du die Grundsätze und Lehrmeinungen (theorems) der Wissenschaften? Aber diese sind, wie du weißt, allgemeine Vernunfteinsichten (universal

intellectual notions) und folglich unabhängig von der Materie[3]); die Ableugnung dieser schließt also nicht das Ab- *
leugnen jener ein.

Hyl.: Einverstanden! Aber gibt es nicht andere Dinge? Was hältst du davon, wenn man seinen Sinnen mißtraut, das wirkliche Dasein sinnlicher Dinge (sensible things) leugnet oder vorgibt, nichts von ihnen zu wissen? Genügt dies nicht, einen Mann als *Skeptiker* zu bezeichnen?

Phil.: Sollen wir also untersuchen, wer von uns eigentlich die Wirklichkeit sinnlicher Dinge leugnet oder die größte Unkenntnis derselben aufweist? Denn der soll doch, wenn ich dich recht verstehe, als der größere *Skeptiker* gelten.

Hyl.: Das eben wünsche ich.

Phil.: Was verstehst du unter *sinnlichen Dingen*? 2

Hyl.: Solche Dinge, die durch die Sinne wahrgenommen werden. Kannst du dir vorstellen, daß ich irgend etwas anderes meine?

Phil.: Verzeih, Hylas, mir kommt es darauf an, deine Begriffe klar zu erfassen, denn das kann unsere Untersuchung erheblich abkürzen. Laß mich denn eine weitere Frage an dich richten. Werden nur diejenigen Dinge durch die Sinne wahrgenommen, die unmittelbar wahrgenommen werden? Oder kann man auch solche Dinge mit Recht *sinnliche* nennen, die mittelbar, d. h. nicht ohne die Vermittlung (intervention) anderer wahrgenommen werden?

Hyl.: Ich verstehe dich nicht ganz.

Phil.: Wenn ich ein Buch lese, nehme ich unmittelbar die Buchstaben wahr; aber mittelbar, d.h. durch diese vermittelt,
werden meinem Geiste die Begriffe von Gott, Tugend, Wahr- *
heit usw. eingegeben. Nun sind zweifellos die Buchstaben wahrhaft sinnliche Dinge oder können durch die Sinne wahrgenommen werden; aber ich möchte wissen, ob du die durch sie eingegebenen Dinge auch als solche ansiehst.

Hyl.: Gewiß nicht; es wäre sinnlos, *Gott* oder die *Tugend* für sinnliche Dinge zu halten, mögen sie auch durch sinnliche Merkmale, mit denen sie willkürlich verknüpft sind, dem Geiste bezeichnet und eingegeben sein.

Phil.: Du scheinst demnach unter *sinnlichen Dingen* nur solche zu verstehen, die man *unmittelbar* durch die Sinne wahrnehmen kann.

Hyl.: Ganz recht.

Phil.: Folgt daraus nicht, daß, wenn ich einen Teil des Himmels rot und den anderen blau sehe und meine Vernunft daraus den logischen Schluß zieht, es müsse eine Ursache für diese Verschiedenheit der Farben geben, diese Ursache doch nicht ein sinnliches Ding genannt oder durch den Gesichts-
* sinn wahrgenommen werden kann?

Hyl.: Freilich.

Phil.: Ebenso, wenn ich auch eine Vielfalt von Tönen höre, kann man doch nicht sagen, daß ich die Ursachen dieser Töne höre?

Hyl.: Gewiß nicht.

Phil.: Und wenn ich durch meinen Tastsinn etwas als warm und schwer wahrnehme, kann ich auch nicht mit irgendwelchem Recht behaupten, die Ursache von Hitze oder Gewicht zu empfinden?

Hyl.: Um allen weiteren Fragen dieser Art vorzubeugen, erkläre ich dir ein für allemal, daß ich unter *sinnlichen Dingen* nur solche verstehe, die durch die Sinne wahrgenommen werden, und daß die Sinne in Wirklichkeit nichts wahrnehmen, was sie nicht unmittelbar wahrnehmen: denn sie ziehen keine Folgerungen. Daher ist die Ableitung von Ursachen oder Veranlassungen aus Wirkungen und Erscheinungen, die allein durch die Sinne wahrgenommen werden,
* ganz und gar Sache der Vernunft.

Phil.: Über diesen Punkt sind wir uns also einig; *sinnliche Dinge sind nur solche, die unmittel-*

bar durch die Sinne wahrgenommen werden. Bitte teile mir noch weiter mit, ob wir durch den Gesichtssinn irgend etwas außer Licht, Farben und Gestalten unmittelbar wahrnehmen oder durch das Gehör irgend etwas außer Tönen, durch den Gaumen irgend etwas außer Geschmacksempfindungen, durch den Geruchssinn etwas anderes als Gerüche oder durch den Tastsinn anderes als tastbare Qualitäten (qualities)?

Hyl.: Sicher nicht.

Phil.: Es scheint daher, daß nichts Sinnliches übrig bleibt, wenn du alle sinnlichen Qualitäten (sensible qualities) wegnimmst.

Hyl.: Das gebe ich zu.

Phil.: Sinnliche Dinge sind also nichts anderes als sinnliche Qualitäten oder Verbindungen (combinations) von sinnlichen Qualitäten?

Hyl.: Nichts anderes.

Phil.: Folglich ist Hitze ein sinnliches Ding? 3

Hyl.: Gewiß.

Phil.: Besteht die Wirklichkeit sinnlicher Dinge im Wahrgenommenwerden? Oder ist sie etwas davon Verschiedenes, das zum Geist in keiner Beziehung steht?

Hyl.: Das Sein ist eine Sache und das Wahrgenommenwerden eine andere.

Phil.: Ich spreche nur im Hinblick auf sinnliche Dinge; und von diesen will ich wissen, ob du unter ihrem wirklichen Dasein ein selbständiges Sein (subsistence) außerhalb des Geistes verstehst, gesondert von ihrem Wahrgenommenwerden.

Hyl.: Ich verstehe darunter ein wirkliches, absolutes Sein (a real absolute being), unterschieden von und ohne jede Beziehung zu ihrem Wahrgenommenwerden.

Phil.: Hitze muß also unabhängig vom Geist existieren, wenn man ihr ein wirkliches Sein zugesteht?

Hyl.: Jawohl.

Phil.: Sage mir, Hylas, ist dieses wirkliche Dasein gleichmäßig mit allen Graden der Hitze vereinbar, die wir wahrnehmen? Oder gibt es einen Grund, es einigen zu- und anderen abzusprechen? Falls dies zutrifft, teile mir doch den Grund mit.

Hyl.: Welchen Hitzegrad wir auch immer durch die Sinne wahrnehmen, wir können sicher sein, daß derselbe in dem Gegenstande existiert, der ihn veranlaßt.

Phil.: Wie? Der höchste so gut wie der geringste?

Hyl.: Ich sage dir, der Grund dafür ist für beide genau derselbe: beide werden durch die Sinne wahrgenommen; d.h. der höhere Hitzegrad wird sinnlich stärker wahrgenommen, und folglich, wenn ein Unterschied besteht, sind wir seines wirklichen Daseins gewisser, als wir der Wirklichkeit eines geringeren Grades sein können.

Phil.: Aber ist nicht der heftigste und stärkste Hitzegrad eine sehr große Unlust (pain)?

Hyl.: Das kann niemand ableugnen.

Phil.: Und ist irgendein Ding, das nicht wahrnimmt, zur Unlust oder Lust (pleasure) fähig?

Hyl.: Nein, gewiß nicht.

Phil.: Ist deine materielle Substanz ein nicht empfindendes (senseless) Wesen oder mit Sinnen und Wahrnehmung begabt?

Hyl.: Ohne Zweifel ein empfindungsloses.

Phil.: Es kann demnach nicht der Träger (subject) der Unlust sein.

Hyl.: Unter keinen Umständen.

Phil.: Folglich auch nicht der größten, von den Sinnen wahrgenommenen Hitze, da du von dieser zugibst, sie sei keine geringe Unlust.

Hyl.: Einverstanden.

Phil.: Was sollen wir denn nun von deinem äußeren Gegenstand (external object) sagen — ist er eine materielle Substanz oder nicht?

Hyl.: Er ist eine materielle Substanz und die sinnlichen Qualitäten sind ihr inhärent.

Phil.: Wie kann denn eine große Hitze in ihr existieren, da du zugibst, in einer materiellen Substanz könne sie es nicht? Ich wünschte, du klärtest diesen Punkt auf.

Hyl.: Halt, Philonous, ich fürchte, ich habe dir irrtümlicherweise zugegeben, daß starke Hitze eine Unlust sei. Es scheint vielmehr, daß Unlust etwas von Hitze Unterschiedenes und die Folge oder Wirkung derselben ist.

Phil.: Nimmst du, wenn du deine Hand dem Feuer näherst, eine einfache, einheitliche Empfindung (one simple uniform sensation) wahr oder zwei gesonderte Empfindungen?

Hyl.: Nur eine einfache Empfindung.

Phil.: Wird die Hitze unmittelbar wahrgenommen?

Hyl.: Ja.

Phil.: Und die Unlust?

Hyl.: Natürlich auch.

Phil.: In Anbetracht also, daß sie beide unmittelbar zu gleicher Zeit wahrgenommen werden und das Feuer nur eine einfache, nicht zusammengesetzte Vorstellung in dir hervorruft, ergibt sich, daß diese selbe einfache Vorstellung beides ist, die starke, unmittelbar wahrgenommene Hitze und die Unlust, und folglich ist die starke, unmittelbar wahrgenommene Hitze von einer besonderen Art der Unlust nicht zu unterscheiden.

Hyl.: So scheint es.

Phil.: Stelle ferner in Gedanken den Versuch an, Hylas, ob du dir eine heftige Empfindung vorstellen kannst, die ohne Lust und Unlust wäre?

Hyl.. Das kann ich nicht.

Phil.: Oder kannst du dir eine Vorstellung bilden von sinnlicher Unlust oder Lust im allgemeinen, losgelöst von jeglicher besonderen Vorstellung der Hitze, Kälte, der Geschmäcke, Gerüche usw.?

Hyl.: Ich finde es unmöglich.

Phil.: Folgt also daraus nicht, daß sinnliche Unlust nichts Verschiedenes ist von jenen Empfindungen oder Vorstellungen — wenn sie einen starken Grad erreichen?

Hyl.: Das ist unbestreitbar, und ich vermute tatsächlich, daß eine große Hitze nicht existieren kann außer in dem wahrnehmenden Geist.

Phil.: Wie? Befindest du dich also in jenem s k e p t i s c h e n Zustand der Schwebe zwischen Bejahen und Verneinen?

Hyl.: Ich glaube, ich kann entschieden darauf beharren; eine sehr heftige und unlustvolle Hitze kann unabhängig vom Geist nicht existieren.

Phil.: Sie hat also nach deiner eigenen Angabe kein wirkliches Sein?

Hyl.: Ich gebe es zu.

Phil.: Ist es demnach gewiß, daß es in der Natur keinen wirklich heißen Körper gibt?

Hyl. Ich habe nicht bestritten, daß es irgendwelche wirkliche Hitze in Körpern gibt. Ich sage nur, es gibt keinerlei starke wirkliche Hitze.

Phil.: Aber sagtest du nicht vorher, daß alle Hitzegrade gleich wirklich wären; oder, wenn ein Unterschied bestünde, so sei die Wirklichkeit der höheren gewisser als die der geringeren?

Hyl.: Ganz recht; aber ich bedachte dabei den Grund nicht, weshalb zwischen ihnen ein Unterschied zu machen ist, den ich jetzt klar erkenne. Und zwar ist es der: da starke Hitze nichts als eine besondere Art unlustvoller Empfindung ist und Unlust nur in einem wahrnehmenden Wesen existieren kann, so folgt daraus, daß keine starke Hitze in einer nicht wahrnehmenden körperlichen Substanz wirklich existieren kann. Doch ist dies kein Grund, das Dasein von Hitze geringeren Grades in einer derartigen Substanz zu leugnen.

Phil.: Aber wie sollen wir imstande sein, diejenigen Hitzegrade, die nur im Geiste, von jenen, die unabhängig von ihm existieren, zu unterscheiden?

Hyl.: Das ist keine schwierige Frage. Wie du weißt, kann das leiseste Unlustgefühl nicht unwahrgenommen existieren; welcher Grad von Hitze also auch immer Unlust ist, er existiert nur im Geist. Was aber alle anderen Hitzegrade angeht, so zwingt uns nichts, von ihnen dasselbe anzunehmen.

Phil.: Ich denke, du gabst vorhin zu, daß kein Wesen, das nicht wahrnimmt, der Lust fähig sei, ebensowenig wie der Unlust.

Hyl.: Nun ja.

Phil.: Und ist nicht Wärme oder ein Hitzegrad, der nicht so stark ist, daß er Unbehagen verursacht, eine Lust?

Hyl.: Was weiter?

Phil.: Folglich kann er nicht unabhängig vom Geist in einer nicht wahrnehmenden Substanz oder einem Körper existieren.

Hyl.: So scheint es.

Phil.: Da aber die lustvollen wie die unlustvollen Hitzegrade nur in einer geistigen Substanz (thinking substance) existieren können — dürfen wir daraus nicht schließen, daß äußere Körper schlechthin unfähig irgendeines beliebigen Hitzegrades sind?

Hyl.: Bei reiferer Überlegung halte ich es nicht mehr für so selbstverständlich, daß Wärme eine Lust, wie daß ein hoher Hitzegrad eine Unlust ist.

Phil.: Ich behaupte nicht, Wärme sei eine so große Lust wie Hitze eine Unlust. Aber wenn du sie auch nur als kleine Lust gelten läßt, so genügt es, meinen Schluß zu rechtfertigen.

Hyl.: Ich würde sie eher eine Unempfindlichkeit (indolence) nennen. Sie scheint nichts weiter als ein Mangel an Schmerz und Lust zu sein. Und daß eine Qualität oder ein Zustand solcher Art einer ungeistigen Substanz entspreche, wirst du hoffentlich nicht bestreiten.

Phil.: Wenn du entschlossen bist, darauf zu bestehen, daß Wärme oder ein milder Grad von Hitze keine Lust sei, so kann ich dich nicht anders überzeugen, als daß ich mich auf deine eigenen Sinne berufe. Aber wie denkst du über die Kälte?

Hyl.: Ebenso wie über die Hitze. Ein starker Kältegrad ist eine Unlust; denn eine sehr große Kälte empfinden heißt ein großes Unbehagen wahrnehmen; sie kann also nicht unabhängig vom Geist existieren; aber ein geringerer Kältegrad kann es so gut wie ein geringerer Hitzegrad.

Phil.: Von denjenigen Körpern also, bei deren Berührung mit unseren eigenen wir einen mäßigen Grad von Hitze wahrnehmen, müssen wir schließen, daß sie einen mäßigen Grad von Hitze oder Wärme in sich haben; und von jenen, bei deren Berührung wir einen gleichen Grad von Kälte empfinden, daß sie Kälte in sich haben.

Hyl.: Allerdings.

Phil.: Kann irgendeine Lehre wahr sein, die uns notwen-
* dig zur Sinnlosigkeit führt?

Hyl.: Zweifellos nicht.

Phil.: Ist die Annahme nicht sinnlos, dasselbe Ding sei zu gleicher Zeit kalt und warm?

Hyl.: Natürlich.

Phil.: Nimm nun an, die eine deiner Hände sei heiß, die andere kalt und du hieltest beide zugleich in ein Gefäß mit Wasser von mittlerer Temperatur: wird das Wasser nicht der einen Hand kalt, der anderen warm erscheinen?

Hyl.: Freilich.

Phil.: Müßten wir also nicht nach deinen Grundsätzen schließen, daß es wirklich zu gleicher Zeit sowohl kalt als warm sei, d. h. deinem eigenen Geständnis zufolge eine Sinnlosigkeit glauben?

Hyl.: Ich gebe zu, daß es so aussieht.

Phil.: Folglich sind die Grundsätze selber falsch, da du eingeräumt hast, kein wahrer Grundsatz führe zur Sinnlosigkeit.

Hyl.: Aber kann es schließlich etwas Sinnloseres geben als zu sagen: es ist keine Hitze im Feuer?

Phil.: Sage mir, um diese Frage noch weiter zu klären, ob wir nicht in zwei vollkommen gleichen Fällen dasselbe Urteil abgeben müssen?

Hyl.: Gewiß.

Phil.: Wenn du dich mit einer Nadel in den Finger stichst, zerreißt und teilt sie nicht die Fasern deines Fleisches?

Hyl.: Jawohl.

Phil.: Und wenn du dir an einer Kohle den Finger verbrennst, tut sie nicht das gleiche?

Hyl.: Jawohl.

Phil.: Da du also weder von der durch die Nadel verursachten Empfindung urteilst, sie oder etwas Ähnliches sei in der Nadel, so solltest du auch nicht, nach dem eben Zugestandenen, von der durch das Feuer verursachten Empfindung urteilen, sie oder irgend etwas ihr Ähnliches sei im Feuer.

Hyl.: Nun gut, da es nicht anders geht, will ich in diesem Punkt nachgeben und erkenne an, daß Hitze und Kälte nur Empfindungen sind, die in einem Geist existieren. Aber es bleiben noch genügend andere Qualitäten, die Wirklichkeit äußerer Dinge zu sichern.

Phil.: Aber was wirst du sagen, Hylas, wenn sich zeigen sollte, daß bei allen anderen sinnlichen Qualitäten das gleiche der Fall ist und daß man von ihnen ebensowenig annehmen kann, daß sie ein Dasein unabhängig vom Geist führen wie von Hitze und Kälte?

Hyl.: Dann allerdings hättest du deine Sache gefördert. Aber ich halte es für aussichtslos, dies jemals bewiesen zu sehen.

4 Phil.: Laß sie uns der Reihe nach prüfen. Was hältst du von den Geschmäcken — existieren sie unabhängig vom Geist oder nicht?

Hyl.: Kann jemand bei hellen Sinnen daran zweifeln, daß Zucker süß oder Wermut bitter ist?

Phil.: Erkläre mir doch, Hylas, ist ein süßer Geschmack eine besondere Art von Lust oder angenehmer Empfindung oder nicht?

Hyl.: Freilich ist er das.

Phil.: Und ist nicht Bitterkeit eine Art von Unbehagen oder Unlust?

Hyl.: Das gebe ich zu.

Phil.: Wenn demnach Zucker und Wermut ungeistige, körperliche Substanzen (unthinking corporeal substances) sind und unabhängig vom Geist existieren, wie können ihnen Süße und Bitterkeit, d. h. Lust und Unlust, zukommen?

Hyl.: Halt, Philonous, ich sehe jetzt, worin ich mich die ganze Zeit getäuscht habe. Du fragtest, ob nicht Hitze und Kälte, Süße und Bitterkeit besondere Arten von Lust oder Unlust wären; darauf antwortete ich einfach, sie wären es. Dagegen sollte ich so unterschieden haben: jene Qualitäten, wie wir sie wahrnehmen, sind Lust oder Unlust; aber nicht, wie sie in den äußeren Gegenständen existieren. Wir dürfen daher durchaus nicht schließen, daß keine Hitze im Feuer oder Süße im Zucker ist, sondern nur, daß Hitze oder Süße, wie wir sie wahrnehmen, nicht im Feuer oder Zucker ist. Was sagst du dazu?

Phil.: Ich sage, es hat nichts mit der Sache zu tun. Unser Gespräch drehte sich einzig um sinnliche Dinge, die du bestimmtest als die Dinge, die wir unmittelbar durch unsere Sinne wahrnehmen. Von den anderen Qualitäten, die du als von diesen verschieden anführst, weiß ich nichts, noch stehen sie irgendwie im Zusammenhang mit der strittigen Frage. Du kannst freilich vorgeben, gewisse Qualitäten, die du nicht wahrnimmst, entdeckt zu haben, und das Dasein dieser unsinnlichen Qualitäten im Feuer oder Zucker behaupten. Aber inwiefern das deiner jetzigen Ansicht dienlich sein soll, ist mir rätselhaft. Sage mir denn noch einmal, erkennst du an, daß Hitze und Kälte, Süße und Bitterkeit (ich meine jene Qualitäten, die durch die Sinne wahrgenommen werden) nicht unabhängig vom Geist bestehen?

Hyl.: Ich sehe, es hat keinen Zweck, länger standzuhalten; so räume ich denn das Feld hinsichtlich jener erwähnten Qualitäten. Allerdings finde ich auch, daß es seltsam klingt, wenn man sagt, der Zucker sei nicht süß.

Phil.: Um dich besser zu überzeugen, laß dir noch dies gesagt sein: Was sonst süß erscheint, wird dem kranken Gaumen bitter vorkommen. Und es ist doch ganz klar, daß verschiedene Menschen andersartige Geschmäcke in derselben Speise wahrnehmen, da doch den einen entzückt, was der andere verabscheut. Und wie wäre das möglich, wenn der Geschmack etwas der Speise wirklich Inhärentes wäre?

Hyl.: Das kann ich mir freilich nicht erklären.

Phil.: Als nächstes müssen wir nun die Gerüche untersuchen, und hinsichtlich dieser wüßte ich gern, ob das, was über die Geschmäcke gesagt worden ist, nicht ebensogut auf sie paßt? Sind sie nicht lauter angenehme oder unangenehme Empfindungen?

Hyl.: So ist es.

Phil.: Hältst du es demnach für möglich, daß sie in einem nicht wahrnehmenden Dinge existieren sollten?

Hyl.: Nein.

Phil.: Oder kannst du dir vorstellen, daß jene wilden Tiere an Kot und Unflat, wovon sie sich freiwillig nähren, dieselben Gerüche wahrnehmen wie wir?

Hyl.: Keineswegs.

Phil.: Dürfen wir also nicht, wie von den anderen vorher erwähnten Qualitäten so auch von den Gerüchen annehmen, daß sie nur in einer wahrnehmenden Substanz oder einem Geist ein Dasein haben können?

Hyl.: Das sollte man meinen.

Phil.: Und nun die T ö n e — wie steht es damit? Sind sie Qualitäten (accidents), die äußeren Körpern wirklich inhärent sind oder nicht?

Hyl.: Daß sie den tönenden Körpern nicht inhärent sind, geht daraus hervor, daß eine im ausgepumpten Rezipienten einer Luftpumpe angeschlagene Glocke keinen Ton gibt. Die Luft also muß als der Träger des Tones angesehen werden.

Phil.: Und der Grund dafür, Hylas?

Hyl.: Wenn irgendeine Bewegung in der Luft hervorgerufen wird, nehmen wir, entsprechend der Luftbewegung, einen stärkeren oder schwächeren Ton wahr; aber ohne irgendeine Bewegung in der Luft hören wir überhaupt keinen Ton.

Phil.: Selbst wenn man zugibt, daß wir nur dann einen Ton hören, wenn irgendwelche Bewegung in der Luft hervorgerufen wird, so sehe ich doch nicht ein, wie du daraus schließen kannst, daß der Ton selbst in der Luft sei.

Hyl.: Es ist gerade diese Bewegung in der äußeren Luft, die in dem Geist die Tonempfindung erzeugt. Denn wenn sie an das Trommelfell des Ohres schlägt, bewirkt sie eine Schwingung, die durch die Gehörnerven dem Gehirn mitgeteilt wird; daraufhin wird in der Seele die Empfindung hervorgerufen, die wir T o n nennen.

Phil.: Wie, ist der Ton also eine Empfindung?

Hyl.: Ich sage dir, so wie wir ihn wahrnehmen, ist er eine besondere Empfindung im Geist.

Phil.: Und kann je eine Empfindung unabhängig vom Geist existieren?

Hyl.: Gewiß nicht.

Phil.: Wie kann dann ein Ton, der eine Empfindung ist, in der Luft existieren, wenn du mit Luft eine empfindungslose Substanz meinst, die unabhängig vom Geist existiert?

Hyl.: Du mußt, Philonous, zwischen dem Ton, wie er von uns wahrgenommen wird und wie er an sich selbst ist (in itself) unterscheiden, oder (was dasselbe ist) zwischen dem Ton, den wir unmittelbar wahrnehmen, und dem, der unabhängig von uns existiert. Der erstere ist freilich eine besondere Art von Empfindung, aber der letztere ist eine schwingende oder wellenförmige Bewegung in der Luft.

Phil.: Ich dachte, ich wäre bereits dieser Unterscheidung, als du dieselbe vorher in einem ähnlichen Fall anwandtest, durch meine Antwort begegnet. Aber dies beiseite — bist du denn sicher, daß ein Ton wirklich nichts als Bewegung ist?

Hyl.: Jawohl.

Phil.: Jede Qualität (accidents) also, die einem wirklichen Ton zukommt, darf mit Recht der Bewegung zugeschrieben werden?

Hyl.: Gewiß.

Phil.: Es ist also vernünftig, von B e w e g u n g als von einem Ding zu sprechen, das l a u t, s ü ß, s c h a r f o d e r s c h w e r ist?

Hyl.: Ich sehe, du bist entschlossen, mich nicht zu verstehen. Gehören nicht offensichtlich jene Qualitäten oder Modi (accidents or modes) nur dem sinnlichen Ton an oder dem T o n in der gewöhnlichen Bedeutung des Wortes, aber nicht dem T o n im wirklichen und philosophischen Sinne;

dieser, wie ich dir eben sagte, ist nichts anderes als eine bestimmte Bewegung der Luft.

Phil.: Es scheint demnach zwei Arten von Tönen zu geben: eine gewöhnliche oder die, welche wir hören, und eine philosophische und wirkliche?

Hyl.: So ist es.

Phil.: Und die letztere besteht in der Bewegung?

Hyl.: Das sagte ich dir ja eben.

Phil.: Sage mir, Hylas, zu welchem der Sinne gehört deiner Meinung nach die Vorstellung der Bewegung? Zu dem Gehör?

Hyl.: Gewiß nicht; sondern zum Gesichts- und Tastsinn.

Phil.: Es würde sich also nach deiner Ansicht ergeben, daß wirkliche Töne möglicherweise g e s e h e n oder g e f ü h l t, aber nie g e h ö r t werden können.

Hyl.: Hör' einmal, Philonous, du magst meine Ansicht nach Gutdünken ins Lächerliche ziehen, aber das ändert nichts am wahren Sachverhalt. Ich gebe freilich zu, daß die Folgerungen, in die du mich verstrickt hast, etwas seltsam klingen; aber die gewöhnliche Sprache ist, wie du weißt, vom Volk und für dessen Gebrauch gebildet; wir dürfen uns deshalb nicht wundern, wenn auf genaue philosophische Begriffe angewandte Ausdrücke ungeschickt und ausgefallen erscheinen.

Phil.: Ist es dahin gekommen? Ich versichere dir, ich glaube, ich habe nicht wenig gewonnen, daß du so leichtherzig von gewöhnlichen Sätzen und Meinungen abgehst, war es doch ein Hauptteil unserer Untersuchung, zu prüfen, wessen Begriffe am weitesten von der gewöhnlichen Straße abliegen und der Meinung der Welt am meisten widerstreben. Aber kannst du tatsächlich nur ein philosophisches Paradoxon in der Behauptung sehen, daß w i r k l i c h e T ö n e nie g e h ö r t w e r d e n und daß eine Vorstellung von ihnen durch irgendeinen anderen Sinn erlangt wird? Und steht dies nicht im Widerspruch mit der Natur und mit der Wahrheit der Dinge?

Hyl.: Aufrichtig gesagt, es gefällt mir auch nicht. Und nach den schon gemachten Zugeständnissen gebe ich lieber zu, daß auch Töne kein wirkliches Dasein unabhängig vom Geist haben.

Phil.: Nun machst du hoffentlich keine Schwierigkeiten, dasselbe bei den *Farben* zuzugeben.

Hyl.: Verzeih, bei Farben liegt der Fall ganz anders. Was ist klarer, als daß wir sie an den Gegenständen sehen?

Phil.: Die Gegenstände, von denen du sprichst, sind, wie ich voraussetze, körperliche, unabhängig vom Geist existierende Substanzen?

Hyl.: Jawohl.

Phil.: Und haben wahre und wirkliche, ihnen inhärente Farben?

Hyl.: Jeder sichtbare Gegenstand hat die Farbe, die wir an ihm sehen.

Phil.: Wie? Gibt es etwas Sichtbares, was wir nicht durch den Gesichtssinn wahrnehmen?

Hyl.: Nein.

Phil.: Und nehmen wir durch die Sinne irgend etwas wahr, das wir nicht unmittelbar wahrnehmen?

Hyl.: Wie oft zwingst du mich, dasselbe zu wiederholen? Ich sage dir, nein.

Phil.: Geduld, guter Hylas, sag mir nur noch einmal, ob irgend etwas anderes unmittelbar durch die Sinne wahrgenommen wird außer sinnlichen Qualitäten. Ich weiß, du hast es bestritten; aber ich möchte jetzt erfahren, ob du noch derselben Ansicht bist.

Hyl.: Allerdings.

Phil.: Ist denn deine körperliche Substanz eine sinnliche Qualität oder besteht sie aus sinnlichen Qualitäten?

Hyl.: Welche Frage! Wer hat jemals so etwas angenommen?

Phil.: Mein Grund für die Frage war, weil du mit der Bemerkung, *jeder sichtbare Gegenstand hat die Farbe, die wir an ihm sehen*, sichtbare Gegenstände zu körperlichen Substanzen machst; dies schließt entweder ein, daß körperliche Substanzen sinnliche Qualitäten sind oder aber, daß wir durch den Gesichtssinn etwas außer sinnlichen Qualitäten wahrnehmen. Aber da wir uns in dieser Frage schon früher geeinigt hatten und du noch daran festhältst, so folgt daraus, daß deine *körperliche Substanz* in keiner Weise etwas von *sinnlichen Qualitäten* Verschiedenes ist.

Hyl.: Wenn du auch noch so viele sinnlose Folgerungen zu ziehen beliebst und die einfachsten Dinge zu verwirren suchst, so wirst du mich durch deine Überredungskunst doch nicht an meinen hellen Sinnen irre machen. Mir ist meine eigene Meinung ganz klar.

Phil.: Ich wünschte, du machtest sie mir auch verständlich. Aber da du deinen Begriff von einer körperlichen Substanz nicht prüfen magst, so werde ich nicht weiter auf diesem Punkt bestehen. Sei nur so gut und teile mir mit, ob die gleichen Farben, die wir oder andere sehen, in äußeren Körpern vorhanden sind.

Hyl.: Genau dieselben.

Phil.: Wie! Ist denn das schöne Rot und Purpur, das wir da drüben an den Wolken sehen, wirklich in ihnen? Oder stellst du dir vor, sie hätten in sich irgendeine andere Beschaffenheit als die von dunklem Nebel oder Dunst?

Hyl.: Ich muß gestehen, Philonous, jene Farben sind nicht wirklich in den Wolken, wie es aus dieser Entfernung scheint. Es sind nur scheinbare Farben.

Phil.: *Scheinbar* nennst du sie? Wie sollen wir diese scheinbaren Farben von den wirklichen unterscheiden?

Hyl.: Sehr leicht. Solche sind als scheinbare anzusehen, die nur in der Entfernung erscheinen, aber, wenn man sich ihnen nähert, verschwinden.

Phil.: Und solche, nehme ich an, sind als wirkliche anzusehen, die bei genauester Besichtigung aus größter Nähe entdeckt werden.

Hyl.: Richtig.

Phil.: Geschieht die naheste und genaueste Besichtigung durch ein Mikroskop oder mit bloßem Auge? *

Hyl.: Zweifellos durch ein Mikroskop.

Phil.: Aber ein Mikroskop entdeckt an einem Gegenstand oft Farben, die sich von den mit bloßem Auge wahrgenommenen unterscheiden. Und angenommen, wir hätten Mikroskope, die bis zu jedem beliebigen Grade vergrößern, so würde gewiß nicht ein einziger durch sie betrachteter Gegenstand in derselben Farbe erscheinen, wie er sich dem bloßen Auge darbietet.

Hyl.: Und was willst du aus alledem folgern? Du kannst daraus nicht schließen, daß an den Gegenständen wirklich und von Natur aus keine Farben sind, weil sie durch künstliche Handhabung verändert oder zum Verschwinden gebracht werden mögen.

Phil.: Ich glaube, es darf offensichtlich aus deinen eigenen Zugeständnissen geschlossen werden, daß alle mit unserem bloßen Auge gesehenen Farben nur scheinbar sind, wie jene an den Wolken; denn sie verschwinden bei einer näheren und genaueren Betrachtung, wie sie uns das Mikroskop ermöglicht. Was du dann vorbringst, um dem vorzubeugen — so frage ich dich, ob der wirkliche und natürliche Zustand eines Gegenstandes besser durch einen sehr scharfen und durchdringenden Gesichtssinn entdeckt wird oder durch einen weniger scharfen?

Hyl.: Zweifellos durch ersteren.

Phil.: Bestätigt nicht die *Dioptrik*, daß Mikroskope den Gesichtssinn durchdringender machen und die Gegenstände so darstellen, wie sie dem Auge erscheinen würden, wenn es von Natur mit der auserlesensten Schärfe begabt wäre?

Hyl.: Gewiß.

Phil.: Folglich muß angenommen werden, daß die mikroskopische Darstellung am besten die wirkliche Natur des Gegenstandes, oder was dieser an sich ist, aufzeigt. Die dadurch wahrgenommenen Farben sind also echter und wirklicher als die, welche wir auf andere Weise wahrnehmen.

Hyl.: Ich gebe zu, es ist etwas an dem, was du sagst.

Phil.: Außerdem ist es nicht nur möglich, sondern offenkundig, daß es tatsächlich Tiere gibt, deren Augen von Natur so gebaut sind, daß sie Dinge wahrnehmen, die sich infolge
* ihrer Winzigkeit unserem Blick entziehen. Wie denkst du dir jene unbegreiflich kleinen, nur durch Vergrößerungsgläser sichtbaren Tiere? Müssen wir annehmen, sie seien alle stockblind? Oder kann man sich, falls sie sehen, vorstellen, daß ihr Gesichtssinn nicht ebenso dient, ihren Körper vor Schäden zu bewahren, wie dies bei allen anderen Tieren geschieht? Und ist es so, leuchtet es dann nicht ein, daß sie Teilchen, kleiner als sie selber, sehen müssen, die ihnen von jedem Gegenstande eine Anschauung liefern, sehr verschieden von derjenigen, die unsere Sinne trifft? Selbst unsere eigenen Augen stellen uns die gleichen Gegenstände nicht immer in der-
* selben Weise vor. Bei einer Gelbsucht erscheinen, wie jedermann weiß, alle Dinge gelb. Ist es also nicht höchstwahrscheinlich, daß jene Tiere, in deren Augen wir ein von dem unsrigen sehr verschiedenes Gewebe feststellen und in deren Körper andersartige Säfte reichlich vorhanden sind, nicht die gleichen Farben an jedem Gegenstand sehen wie wir? Sollte man nun aus alledem nicht schließen, daß alle Farben gleichermaßen nur scheinbar sind und daß keine der von uns

wahrgenommenen wirklich einem äußeren Gegenstand inhärent ist?

Hyl.: Es scheint so.

Phil.: Diese Auffassung kann gar nicht mehr angezweifelt werden, wenn du bedenkst, daß Farben, falls sie wirkliche, äußeren Körpern inhärente Qualitäten (properties) oder Zustände wären, keinen Wechsel zulassen könnten, ohne eine Veränderung an den Körpern selbst zu bewirken; aber geht nicht aus dem Besprochenen hervor, daß sich die Farben irgendeines Gegenstandes beim Gebrauch von Mikroskopen, bei einer eintretenden Umwandlung in den Säften des Auges oder einem Wechsel der Entfernung verändern oder ganz verschwinden, ohne irgendeine Veränderung in dem Dinge selbst hervorzurufen? Ja, noch mehr, laß alle anderen Umstände gleich bleiben und ändere nur die Lage einiger Gegenstände, so werden sie dem Auge verschiedene Farben darbieten. Dasselbe tritt ein, wenn man einen Gegenstand bei verschiedenen Helligkeitsgraden betrachtet. Und ist es nicht allgemein bekannt, daß dieselben Körper bei Kerzenlicht anders gefärbt erscheinen als bei Tageslicht? Nimm dazu den Versuch mit einem Prisma, das die Farbe aller Gegenstände, auch der rein weißen, durch Trennung der verschiedenartigen Lichtstrahlen ändert und sie dem bloßen Auge in tiefem Blau oder Rot erscheinen läßt! Und nun sage mir, ob du noch der Meinung bist, daß jedem Körper seine wahre, wirkliche Farbe inhärent ist; und, glaubst du es dennoch, so wüßte ich gern weiter von dir, welche bestimmte Entfernung und Stellung des Gegenstandes, was für besonderes Gewebe und Bau des Auges, welcher Grad und welche Art von Licht zur Feststellung dieser wahren Farbe und zur Unterscheidung von den scheinbaren notwendig ist.

Hyl.: Ich erkläre mich völlig überzeugt, daß sie alle in gleichem Maße nur scheinbar sind und daß es so etwas wie äußeren Körpern wirklich inhärente Farben nicht gibt, sondern daß sie ganz und gar im Licht enthalten sind. Und was mich in dieser Meinung bestärkt, ist der Umstand, daß den Lichtverhältnissen entsprechend die Farben mehr oder weniger lebhaft sind; und wo kein Licht ist, nimmt man keine Farben wahr. Selbst wenn man übrigens Farben an äußeren Gegenständen zugesteht — wie wäre es dann möglich, sie wahrzunehmen? Denn kein äußerer Körper erregt den Geist, der nicht erst auf unsere Sinnesorgane wirkt. Die einzige Wirkungsweise der Körper aber ist die Bewegung, und Bewegung kann nur durch Stoß mitgeteilt werden. Ein entfernter Gegenstand kann demnach nicht auf das Auge wirken, und kann folglich auch nicht sich oder seine Qualitäten (properties) der Seele wahrnehmbar machen. Hieraus ergibt sich eindeutig, daß es irgendeine das Auge unmittelbar berührende Substanz sein muß, durch deren Einwirkung eine Wahrnehmung von Farben veranlaßt wird; und eine solche ist das Licht.

Phil.: Wie? Ist denn das Licht eine Substanz?

Hyl.: Ich sage dir, Philonous, das äußere Licht ist nichts als eine dünne, flüssige Substanz, deren winzige Teilchen sich in lebhafter Bewegung befinden und, auf mannigfache Weise von den verschiedenen Oberflächen der äußeren Körper auf das Auge zurückgeworfen, den Sehnerven verschiedene Bewegungen mitteilen; zum Gehirn fortgepflanzt, erwecken sie darin mannigfaltige Eindrücke; und diese werden von den Empfindungen rot, blau, gelb usw. begleitet.

Phil.: Demnach also würde das Licht nichts weiter tun als die Sehnerven affizieren.

Hyl.: Nichts weiter.

Phil.: Infolge einer spezifischen Bewegung der Nerven wird also im Geist eine Empfindung hervorgerufen, die irgendeine besondere Farbe ist.

Hyl.: Richtig.

Phil.: Und diese Empfindungen haben kein vom Geist unabhängiges Dasein?

Hyl.: Nein.

Phil.: Wie kannst du dann behaupten, daß die Farben im Lichte sind; da du unter *Licht* eine körperliche Substanz außerhalb des Geistes verstehst?

Hyl.: Licht und Farben, wie wir sie unmittelbar wahrnehmen, können nicht unabhängig vom Geist existieren, das gebe ich zu. Aber an sich selbst sind sie nur Bewegungen und Formen (configurations) von gewissen nicht empfindbaren (insensible) Teilchen der Materie.

Phil.: Farben also im gewöhnlichen Sinne, oder als unmittelbare Gegenstände des Gesichtssinns gefaßt, können nur einer wahrnehmenden Substanz zukommen.

Hyl.: Das sage ich eben.

Phil.: Gut denn, da du deine Haltung in bezug auf jene sinnlichen Qualitäten aufgibst, die allein von allen sonst für Farben gehalten werden, magst du in bezug auf jene unsichtbaren Farben der Philosophen annehmen, was dir beliebt. Um sie zu streiten, ist nicht meine Sache; nur würde ich dir raten, zu bedenken, ob es in Anbetracht der Untersuchung, die wir vorhaben, klug für dich ist, zu behaupten: *Nicht das Rot und das Blau, das wir sehen, sind wirkliche Farben, sondern gewisse unbekannte Bewegungen und Figuren, die niemand jemals sah noch sehen kann, sind es*
in Wahrheit. Sind das nicht anstößige Ansichten, und *
sind sie nicht ebenso vielen lächerlichen Folgerungen ausgesetzt, wie jene es waren, die du vorher aufgeben mußtest, als es sich um die Töne handelte?

Hyl.: Ich gebe offen zu, Philonous, daß es vergeblich ist, 6
länger standzuhalten. Farben, Töne, Geschmäcke, mit einem Wort, alle sogenannten *sekundären Qualitäten* (secondary qualities), führen sicherlich kein Dasein unab-

hängig vom Geist. Aber durch dieses Zugeständnis will ich nicht in den Verdacht kommen, irgendwie die Wirklichkeit der Materie oder äußerer Gegenstände zu schmälern; ist es doch nichts weiter, als was einige Philosophen auch behaupten, die nichtsdestoweniger am denkbar weitesten davon entfernt sind, die Materie zu leugnen. Zum klaren Verständnis hiervon mußt du wissen, daß die sinnlichen Qualitäten von * den Philosophen in *primäre* und *sekundäre* eingeteilt werden. Die ersteren sind Ausdehnung, Gestalt, Dichte, Schwere, Ruhe und Bewegung. Und diese existieren nach ihrer Annahme wirklich in den Körpern. Letztere sind die vorher aufgezählten, oder kurz, *alle sinnlichen Qualitäten, außer den primären*, die nach ihrer Behauptung nur so weit Empfindungen oder Vorstellungen sind, daß sie nirgends als im Geist existieren. Aber über all dies bist du zweifellos unterrichtet. Für mein Teil war mir lange bewußt, daß solche Meinung unter den Philosophen umlief, aber bis jetzt war ich von ihrer Wahrheit durchaus noch nicht überzeugt.

Phil.: Du bist also immer noch der Meinung, daß *Ausdehnung* und *Gestalt* äußeren, ungeistigen Substanzen inhärent sind?

Hyl.: Jawohl.

Phil.: Wie aber, wenn die gleichen gegen die sekundären Qualitäten vorgebrachten Beweisgründe auch gegen jene Geltung hätten?

Hyl.: Nun, dann wäre ich eben zu der Annahme gezwungen, daß auch sie nur im Geist existierten.

Phil.: Besteht nach deiner Meinung die gleiche Gestalt und Ausdehnung, die wir durch die Sinne wahrnehmen, in den äußeren Gegenständen oder der materiellen Substanz?

Hyl.: Gewiß.

Phil.: Haben alle anderen Lebewesen ebenso guten Grund,

das gleiche von der Gestalt und Ausdehnung, die sie sehen und fühlen, anzunehmen?

Hyl.: Zweifellos, wenn sie überhaupt ein Bewußtsein haben.

Phil.: Sage mir, Hylas, glaubst du, daß die Sinne allen Lebewesen zu ihrer Erhaltung und ihrem Wohlsein im Leben verliehen wurden oder allein den Menschen zu diesem Zweck gegeben sind?

Hyl.: Es ist keine Frage dür mich, daß sie bei allen anderen Lebewesen den gleichen Dienst leisten.

Phil.: Verhält sich das so, ist es dann nicht notwendig, daß diese durch ihre Sinne befähigt werden, ihre eigenen Glieder und solche Körper, die ihnen schaden könnten, wahrzunehmen?

Hyl.: Sicherlich.

Phil.: Von einer Milbe muß man demnach voraussetzen, *
daß sie ihren eigenen Fuß und gleich kleine, oder selbst kleinere Dinge als Körper von ganz beträchtlichen Größenverhältnissen sieht, obgleich sie dir zur selben Zeit als kaum erkennbar scheinen, oder bestenfalls als eben sichtbare Punkte.

Hyl.: Das kann ich nicht leugnen.

Phil.: Und kleineren Geschöpfen als der Milbe werden sie noch größer scheinen?

Hyl.: Jawohl.

Phil.: So daß das, was du kaum erkennen kannst, einem ganz winzigen Tierchen als ein ungeheurer Berg erscheinen wird?

Hyl.: All das gebe ich zu.

Phil.: Kann ein und dasselbe Ding an sich zu gleicher Zeit verschiedene Größenverhältnisse haben?

Hyl.: Das wäre eine sinnlose Vorstellung. *

Phil.: Aber aus deiner Annahme geht hervor, daß sowohl die von dir als die von der Milbe selbst und gleichermaßen die von noch kleineren Tieren wahrgenommene Ausdehnung eine jede die wahrhafte Ausdehnung des Milbenfußes ist; das heißt nach deinen eigenen Grundsätzen, du bist zu einer sinnlosen Behauptung gelangt.

Hyl.: Die Frage scheint einige Schwierigkeiten zu bieten.

Phil.: Hast du ferner nicht anerkannt, daß keine wirkliche, einem Gegenstand inhärente Qualität (property) sich verändern kann, ohne eine Veränderung im Dinge selbst hervorzurufen?

Hyl.: Das habe ich getan.

Phil.: Wenn wir uns nun einem Gegenstande nähern oder uns von ihm entfernen, so wechselt seine sichtbare Ausdehnung und ist bei einer Entfernung zehn- oder hundertmal so groß wie bei einer anderen. Folgt nicht hieraus ebenfalls, daß sie nicht wirklich dem Gegenstand inhärent ist?

Hyl.: Ich muß gestehen, ich bin um eine Erklärung verlegen.

Phil.: Dein Urteil wird bald feststehen, wenn du diese Qualitäten ebenso unvoreingenommen zu betrachten wagst, wie du es bei den übrigen getan hast. Galt es dir nicht als ein guter Beweisgrund dafür, daß weder Hitze noch Kälte in dem Wasser seien, weil es der einen Hand warm und der anderen kalt erschien?

Hyl.: Allerdings.

Phil.: Ist es nicht ganz derselbe Gedankengang, wenn man schließt, es sei keine Ausdehnung oder Gestalt in einem Gegenstand, weil er dem einen Auge klein, glatt und rund, während er dem anderen zu gleicher Zeit groß, uneben und eckig erscheint?

Hyl.: Ganz der gleiche. Aber tritt dieser letztere Vorgang jemals ein?

Phil.: Du kannst jederzeit den Versuch machen, indem du mit einem bloßen Auge und mit dem anderen durch ein Mikroskop siehst.

Hyl.: Ich weiß nicht, wie ich die A u s d e h n u n g halten soll, und doch widerstrebt es mir, sie aufzugeben; ich sehe so viele seltsame Folgerungen aus einem derartigen Zugeständnis erwachsen.

Phil.: Seltsame, sagst du? Nach den bereits gemachten Zugeständnissen wirst du dich hoffentlich der Seltsamkeit wegen an nichts stoßen. [Aber schiene es andererseits nicht sehr seltsam, wenn der allgemeine Schluß, der alle anderen sinnlichen Qualitäten umfaßt, nicht auch die Ausdehnung einbegriffe? Ist einmal angenommen, daß keine Vorstellung oder etwas einer Vorstellung Ähnliches in einer nicht wahrnehmenden Substanz existieren kann, so folgt doch sicherlich, daß keine Gestalt oder kein Modus der Ausdehnung, die wir entweder wahrzunehmen, aufzufassen oder von der wir uns irgendeine Vorstellung zu machen vermögen, wirklich der Materie inhärent sein kann, der besonderen Schwierigkeit nicht zu gedenken, die darin läge, sich den Begriff von einer materiellen Substanz zu bilden, die das S u b s t r a t *
der Ausdehnung und doch vor derselben da und von ihr verschieden wäre! Sei die sinnliche Qualität, welche sie wolle — Gestalt, Ton oder Farbe, es scheint gleichermaßen unmöglich, daß sie in etwas enthalten ist, von dem sie nicht wahrgenommen wird.] *)

Hyl.: Im Augenblick gebe ich in dieser Frage nach, behalte mir aber das Recht vor, meine Meinung wieder zurückzuziehen, falls ich später irgendeinen falschen Schritt auf dem Wege zu ihr entdecken sollte.

Phil.: Dieses Recht kann dir nicht bestritten werden. — 7
Da nun Gestalt und Ausdehnung erledigt sind, gelangen wir nunmehr zur B e w e g u n g. Kann eine wirkliche Bewegung in einem äußeren Körper zu gleicher Zeit sehr schnell und sehr langsam sein?

Hyl.: Unmöglich.

*) Die in Klammern eingeschlossene Stelle ist Zusatz der dritten Auflage.

Phil.: Steht nicht die Geschwindigkeit der Bewegung eines Körpers im umgekehrten Verhältnis zu der Zeit, die er braucht, einen gegebenen Raum zu durchlaufen? So bewegt sich ein Körper, der eine Meile in einer Stunde durchläuft, dreimal so schnell, wie wenn er nur eine Meile in drei Stunden durchliefe.

Hyl.: Ganz recht.

* Phil.: Und mißt man nicht die Zeit nach der Folge der Vorstellungen in unserem Geist?

Hyl.: Nun ja.

Phil.: Ist es nun nicht möglich, daß die Vorstellungen einander in deinem Geist doppelt so rasch folgen wie in meinem oder in dem eines andersartigen Seelenwesens (spirit)?

Hyl.: Zugegeben.

Phil.: Folglich kann es einem anderen so vorkommen, als vollziehe derselbe Körper seine Bewegung über irgendeinen Raum in der Hälfte der Zeit, wie es dir erscheint. Und die gleiche Beweisführung gilt auch für jedes andere Verhältnis: d. h. nach deinen Grundsätzen (da beide wahrgenommenen Bewegungen wirklich in dem Gegenstand sind) wäre es möglich, daß derselbe Körper gleichzeitig auf derselben Strecke eine sehr schnelle und sehr langsame Bewegung hat. Wie stimmt das mit dem gesunden Menschenverstand oder mit dem, was du eben zugabst, überein?

Hyl.: Hierauf weiß ich nichts zu erwidern.

* Phil.: Nehmen wir nun die *Dichte* (solidity); entweder verstehst du unter diesem Wort keinerlei sinnliche Qualität, und dann liegt es außerhalb unserer Untersuchung; andernfalls kann sie nur Härte oder Widerstand sein. Aber sowohl das eine wie das andere haben ersichtlich nur Bezug auf unsere Sinne; denn offenkundig erscheint dem einen Lebewesen hart, was dem anderen, das stärker ist und festere Gliedmaßen hat, weich erscheinen mag. Und nicht weniger klar ist es, daß

der Widerstand, den ich empfinde, nicht in dem Körper vorhanden ist.

Hyl: Ich gebe zu, daß die *Empfindung* des Widerstandes selbst, die du allein unmittelbar wahrnimmst, nicht in dem Körper ist; wohl aber die *Ursache* dieser Empfindung.

Phil.: Aber die Ursachen unserer Empfindungen sind nicht unmittelbar wahrgenommene Dinge und deshalb nicht sinnlich. Diese Frage, dachte ich, hätten wir bereits geklärt.

Hyl.: Ich gebe es zu; aber du mußt verzeihen, wenn ich etwas verwirrt erscheine; ich weiß noch nicht, wie ich mich von meinen alten Ansichten frei machen soll.

Phil.: Um dir herauszuhelfen, erwäge nur dies: Wenn einmal angenommen ist, daß *Ausdehnung* kein vom Geist unabhängiges Dasein führe, muß notwendig dasselbe von Bewegung, Dichte und Schwere zugegeben werden — denn sie alle setzen offensichtlich Ausdehnung voraus. Es ist daher überflüssig, eine jede derselben besonders zu untersuchen. Hast du einmal der Ausdehnung jedes wirkliche Dasein abgesprochen, so hast du es allen gegenüber getan.

Hyl.: Wenn das, was du sagst, wahr ist, wundert es mich, Philonous, warum jene Philosophen, die den sekundären * Qualitäten jedes wirkliche Dasein absprechen, es den primären doch zugestehen? Wie soll man sich das erklären, wenn kein Unterschied zwischen ihnen ist?

Phil.: Es ist nicht meine Sache, für jede Ansicht der Philosophen eine Erklärung zu finden. Aber unter anderen Gründen, die sich hierfür anführen ließen, mag wahrscheinlich der Umstand gelten, daß Lust und Unlust eher mit den ersteren als mit den letzteren verbunden sind. Hitze und Kälte, Geschmäcke und Gerüche führen lebhaftere Gefühle der Lust oder Unlust mit sich, als sie die Vorstellungen der Ausdehnung, Gestalt und Bewegung in uns erwecken. Und da die Annahme zu augenscheinlich sinnlos ist, Unlust oder Lust könnten in einer nicht wahrnehmenden Substanz existieren, so entwöhnt sich der Mensch leichter des Glaubens an das äußere Dasein der sekundären Qualitäten als der primären. Du wirst überzeugt sein, daß hieran etwas Wahres ist, wenn du dich an den Unterschied erinnerst, den du zwischen einem starken und einem mäßigeren Hitzegrad machtest; dem einen gestandest du ein wirkliches Dasein zu, während du es dem anderen abstrittest. Aber alles in allem besteht kein vernünftiger Grund für diese Unterscheidung; denn sicherlich ist eine gleichgültige Empfindung ebenso wahrhaft eine *Empfindung* wie eine lust- oder unlustvollere, und man sollte deshalb von ihr nicht mehr als von dieser annehmen, sie existiere in einem ungeistigen Träger (unthinking subject).

8 Hyl.: Da ist mir eben eingefallen, Philonous, daß ich
* irgendwo von einer Unterscheidung zwischen absoluter und sinnlicher Ausdehnung gehört habe. Nun kann man ja zugeben, daß *groß* und *klein*, die einzig in der Beziehung von anderen ausgedehnten Wesen zu den Teilen unseres eigenen Körpers existieren, nicht wirklich den Substanzen selbst inhärent sind; aber nichts zwingt uns zu der gleichen Annahme hinsichtlich der *absoluten Ausdehnung*, die etwas von *groß* und *klein*, von dieser oder jener besonderen Größe oder Gestalt Abstrahiertes ist. Dasselbe gilt von der Bewegung; *schnell* und *langsam* sind ganz und gar abhängig von der Folge der Vorstellungen in unserem eignen Geist. Aber weil diese Bewegungsformen kein vom Geist unabhängiges Dasein haben, so folgt noch nicht, daß es deshalb die absolute, von ihnen abstrahierte Bewegung nicht hat.

Phil.: Sage mir doch, was unterscheidet eine Bewegung oder einen Teil der Ausdehnung von anderen? Ist es nicht etwas Sinnliches, wie ein gewisser Grad der Geschwindigkeit oder Langsamkeit, eine bestimmte, jedem eigentümliche Größe oder Gestalt?

Hyl.: Ich glaube, ja.

Phil.: Bewegung und Ausdehnung also, aller sinnlichen Qualitäten entkleidet, bleiben ohne alle „spezifischen und numerischen" Unterschiede, wie es in der Schulsprache heißt.

Hyl.: Jawohl.

Phil.: Das heißt, sie sind allgemeine Ausdehnung und allgemeine Bewegung.

Hyl.: So mag es sein.

Phil.: Aber es ist ein allgemein anerkannter Grundsatz, daß *jedes Ding*, das existiert, *ein Einzelding* * *ist*. Wie kann denn allgemeine Bewegung oder allgemeine Ausdehnung in einer körperlichen Substanz existieren?

Hyl.: Ich möchte mir Zeit nehmen, diese Schwierigkeit zu lösen.

Phil.: Mir scheint aber, die Frage kann schnell entschieden werden. Zweifellos kannst du mir sagen, ob du diese oder jene Vorstellung zu bilden imstande bist? Nun will ich gern unseren Streit von folgendem Ergebnis abhängig machen. Kannst du dir in Gedanken eine deutliche *abstrakte Vorstellung* von Bewegung oder Ausdehnung bilden, die aller jener sinnlichen Modi wie schnell und langsam, groß und klein, rund oder eckig und dergl., die anerkanntermaßen nur im Geist existieren, entkleidet ist — dann will ich dir in dieser Streitfrage nachgeben. Kannst du es aber nicht, so ist es unvernünftig von dir, länger auf etwas zu bestehen, was du dir nicht vorstellen kannst.

Hyl.: Offen gestanden, ich kann es nicht.

Phil.: Kannst du selbst die Vorstellungen von Ausdehnung und Bewegung von den Vorstellungen all jener Qualitäten trennen, die die Urheber jener Unterscheidung als sekundär bezeichnen?

Hyl.: Wie? Ist es nicht eine leichte Sache, Ausdehnung und Bewegung an sich selbst zu betrachten, von allen anderen sinnlichen Qualitäten abstrahiert? Wie behandeln denn die Mathematiker dieselben?

Phil.: Ich erkenne an, Hylas, daß es nicht schwer ist, allgemeine Sätze und Schlüsse über jene Qualitäten zu bilden, ohne irgendwelche anderen zu erwähnen und sie in diesem Sinne abstrahiert zu betrachten und zu behandeln. Aber weil ich das Wort *Bewegung* für sich aussprechen kann, folgt denn daraus, daß ich sie mir ohne jeden Körper in meinem Geist vorstellen kann? Oder ist es möglich, weil Lehrsätze über Ausdehnung und Gestalten aufgestellt werden können, ohne die *Größe* oder *Kleinheit* oder einen anderen sinnlichen Modus oder eine Qualität zu erwähnen, daß solche abstrakte Vorstellung der Ausdehnung ohne ein bestimmtes*) Maß, eine bestimmte Gestalt oder sinnliche Qualität deutlich gebildet und vom Geist aufgefaßt wird? Mathematiker behandeln d. Quantität, ohne die anderen sinnlichen Qualitäten, die sie begleiten, in Betracht zu ziehen; dieselben sind für
* ihre Beweisführung eben ganz gleichgültig. Aber wenn sie von den Worten absehen und die bloßen Vorstellungen betrachten, so wirst du, glaube ich, finden, daß es nicht die reinen Abstraktionen (pure abstracted ideas) der Ausdehnung sind.

Hyl.: Was hältst du denn aber vom *reinen Verstande* (pure intellect)? Können nicht abstrakte Vorstellungen durch dies Vermögen (faculty) gebildet werden?

Phil.: Da ich abstrakte Vorstellungen überhaupt nicht bilden kann, ist es klar, daß ich es auch mit Hilfe des *reinen Verstandes* nicht kann — was für ein Vermögen du auch unter diesen Worten verstehen magst. Übrigens, um nicht die Natur des reinen Verstandes und seiner seelischen Gegenstände wie *Tugend*, *Vernunft* u. dgl. zu untersuchen, soviel scheint sonnenklar — sinnliche Dinge kann man nur durch die Sinne wahrnehmen oder durch die Einbildungs-

*) „Maß, Farbe usw." in den beiden ersten Auflagen.

kraft vorstellen. Gestalten demnach und Ausdehnung, als ursprünglich durch die Sinne wahrgenommen, gehören dem reinen Verstande nicht an. Doch um deine letzten Zweifel zu zerstreuen, versuche nur, dir die Vorstellung irgendeiner Gestalt zu bilden, von jeder Maßbestimmung, ja selbst von anderen sinnlichen Qualitäten abstrahiert.

Hyl.: Laß mich ein wenig nachdenken. — Ich finde, daß es nicht geht.

Phil.: Und hältst du es denn für möglich, daß etwas wirklich in der Natur besteht, dessen Begriff einen Widerspruch einschließt?

Hyl.: Keineswegs.

Phil.: Folgt nicht, da es nun selbst für den Geist unmöglich ist, die Vorstellungen der Ausdehnung und Bewegung von allen anderen sinnlichen Qualitäten zu trennen, daß, wo das eine ist, das andere notwendigerweise ebenfalls sein muß?

Hyl.: So sollte man meinen.

Phil.: Deshalb gelten genau dieselben Beweisgründe, die du als zureichend gegen die sekundären Qualitäten zuließest, ohne jede Gewaltsamkeit auch gegen die primären. Ist es überdies nicht klar, daß alle sinnlichen Qualitäten gleichzeitig zusammen existieren oder den Sinnen als auf einem Fleck befindlich erscheinen? Stellen sie jemals etwa eine Bewegung oder Gestalt — entkleidet aller anderen sichtbaren und tastbaren Qualitäten — dar?

Hyl.: Über diesen Punkt brauchst du nichts weiter sagen. Ich gebe offen zu, wenn in unserem bisherigen Verfahren nicht ein geheimer Irrtum oder ein Versehen steckt, ist allen sinnlichen Qualitäten in gleicher Weise ein vom Geist unabhängiges Dasein abzusprechen. Ich fürchte aber, daß ich in meinen früheren Zugeständnissen zu weit gegangen bin oder irgendeinen Trugschluß übersehen habe. Kurz, ich ließ mir zum Überlegen nicht Zeit genug.

Phil.: Was das betrifft, Hylas, nimm dir nur Zeit, soviel du willst, um den Gang unserer Untersuchung nachzuprüfen. Es steht dir frei, jeden dir etwa entschlüpften Fehler zurückzunehmen oder jetzt anzubringen, was du zugunsten deiner ersten Meinung vergessen hast.

9 Hyl.: Ein großes Versehen scheint mir zu sein, daß ich nicht genügend zwischen dem *Gegenstand* und der *Empfindung* unterschieden habe. Mag nun auch die letztere nicht unabhängig vom Geist existieren, so folgt doch daraus nicht, daß der erstere es nicht könne.

Phil.: Welchen Gegenstand meinst du? Den Gegenstand der Sinne?

Hyl.: Eben den.

Phil.: Wird dieser denn unmittelbar wahrgenommen?

Hyl.: Gewiß.

Phil.: Erkläre mir den Unterschied zwischen etwas unmittelbar Wahrgenommenem und einer Empfindung.

Hyl.: Unter der Empfindung verstehe ich eine Tätigkeit (an act) des wahrnehmenden Geistes; außerdem gibt es etwas Wahrgenommenes, und dieses nenne ich den *Gegenstand*. Z. B. an jener Tulpe ist Rot und Gelb. Aber die Tätigkeit, diese Farben wahrzunehmen, ist nur in mir und nicht in der Tulpe.

Phil.: Von welcher Tulpe sprichst du? Von der, die du siehst?

Hyl.: Von eben der.

Phil.: Und was siehst du außer Farbe, Gestalt und Ausdehnung?

Hyl.: Nichts weiter.

Phil.: Du wolltest also wohl sagen, das Rot und Gelb existiere gleichzeitig mit der Ausdehnung, nicht wahr?

Hyl.: Das ist nicht alles; ich möchte sagen, sie haben ein wirkliches Dasein, unabhängig vom Geist in irgendeiner ungeistigen Substanz.

Phil.: Daß die Farben wirklich in der Tulpe, die ich sehe, sind, ist offenkundig. Ebensowenig kann man abstreiten, daß diese Tulpe unabhängig von deinem oder meinem Geist existieren kann; aber daß ein unmittelbarer Gegenstand der * Sinne — d. h. eine Vorstellung oder Verbindung von Vorstellungen — in einer ungeistigen Substanz oder außerhalb jedes Geistes existieren soll, ist in sich selbst ein deutlicher Widerspruch. Auch kann ich mir nicht vorstellen, wie sich dies aus dem eben von dir Gesagten ergibt, nämlich daß das Rot und Gelb an der Tulpe sei, *die du siehst*, da du doch nicht behauptest, diese ungeistige Substanz zu *sehen*.

Hyl.: Du verstehst es meisterhaft, Philonous, unsere Untersuchung vom Thema abzulenken.

Phil.: Ich sehe, du hast keine Lust, dich hier in die Enge treiben zu lassen. Darum zurück zu deiner Unterscheidung zwischen *Empfindung* und *Gegenstand*; verstehe ich dich recht, so unterscheidest du in jeder Wahrnehmung zwei Dinge, das eine ist eine Tätigkeit des Geistes, das andere * nicht.

Hyl.: Richtig.

Phil.: Und diese Tätigkeit kann nicht in etwas Ungeistigem existieren oder dazu gehören; aber das, was sonst noch in einer Wahrnehmung enthalten ist, kann es?

Hyl.: So meine ich es.

Phil.: Wenn es also eine Wahrnehmung ohne jede Tätigkeit des Geistes gäbe, so könnte solch eine Wahrnehmung möglicherweise in einer ungeistigen Substanz existieren?

Hyl.: Zugegeben; aber es ist unmöglich, daß es solch eine Wahrnehmung gibt.

Phil.: Wann nennt man den Geist tätig (active)?

Hyl.: Wenn er etwas erzeugt, vernichtet oder verändert.

Phil.: Kann der Geist ohne eine Willenshandlung etwas erzeugen, unterbrechen oder verändern?

Hyl.: Nein.

Phil.: Der Geist ist also in seinen Wahrnehmungen als *tätig* anzusehen, insoweit in ihnen eine *Willensregung* (volition) eingeschlossen ist.

Hyl.: Nun ja.

Phil.: Ich bin tätig, wenn ich diese Blume pflücke; denn ich tue es durch die Bewegung meiner Hand, die auf meine Willensregung erfolgt; genauso, wenn ich sie an meine Nase führe. Aber ist etwa eines von beiden Riechen?

Hyl.: Nein.

Phil.: Ich bin gleichfalls tätig, indem ich die Luft durch meine Nase einziehe; denn daß ich so und nicht anders atme, ist die Wirkung meines Willens. Aber ebensowenig kann das *Riechen* genannt werden. Denn sonst müßte ich jedesmal etwas riechen, wenn ich auf diese Weise atmete.

Hyl.: Richtig.

Phil.: Riechen ist also etwas, was auf dies alles folgt.

Hyl.: Gewiß.

Phil.: Aber weiter finde ich meinen Willen nicht beteiligt. Was sonst noch dabei vorgeht — wie daß ich solch besonderen Geruch oder überhaupt einen Geruch wahrnehme —, das hängt nicht von meinem Willen ab, und darin verhalte ich mich völlig leidend (passive). Geht bei dir etwas anderes vor, Hylas?

Hyl.: Nein, genau dasselbe.

Phil.: Was nun das Sehen anlangt — steht es nicht in deiner Macht, deine Augen zu öffnen oder geschlossen zu halten, sie hierhin oder dorthin zu wenden?

Hyl.: Zweifellos.

Phil.: Aber hängt es in gleicher Weise von deinem Willen ab, daß du bei Betrachtung dieser Blume *Weiß* statt jeder anderen Farbe siehst? Oder kannst du es vermeiden, die Sonne zu sehen, wenn du die geöffneten Augen nach jenem Teil des Himmels drüben richtest? Ist Licht oder Dunkelheit
* die Wirkung deines Willens?

Hyl.: Gewiß nicht.

Phil.: Du verhältst dich also in dieser Hinsicht ganz und gar leidend?

Hyl.: Jawohl.

Phil.: Sag mir nun, ob das *Sehen* im Wahrnehmen von Licht und Farben oder im Öffnen und Wenden der Augen besteht?

Hyl.: Zweifellos in ersterem.

Phil.: Was wird also aus jener Tätigkeit, die du einen Bestandteil jeder Empfindung nanntest, da du in der Wahrnehmung von Licht und Farben durchaus leidend bist? Und folgt nicht aus deinen eigenen Zugeständnissen, daß die Wahrnehmung von Licht und Farben, da sie keine Tätigkeit in sich schließt, in einer nicht wahrnehmenden Substanz existieren könnte? Und ist dies nicht ein deutlicher Widerspruch?

Hyl.: Ich weiß nicht, was davon zu halten ist.

Phil.: Weiter: wenn du das *Tätige* und *Leidende* in jeder Wahrnehmung unterscheidest, mußt du es auch in der Wahrnehmung von Unlust tun. Wie ist es aber möglich, daß Unlust, sei sie auch noch so wenig tätig, in einer nicht wahrnehmenden Substanz existieren sollte? Kurz, überlege dir nur die Sache und dann sage mir aufrichtig, ob Licht und Farben, Geschmäcke, Töne usw. nicht alle gleicherweise Passionen oder Empfindungen in der Seele sind. Du magst sie allerdings *äußere Gegenstände* nennen und ihnen in Worten jede Daseinsart zusprechen, die dir beliebt. Aber habe nur acht auf deine eigenen Gedanken, und dann teile mir mit, ob es sich nicht so verhält, wie ich sage.

Hyl.: Ich erkenne an, Philonous, daß ich bei einer unvor- 10
eingenommenen Beobachtung der Vorgänge in meinem Geist nur entdecken kann, daß ich ein geistiges Wesen (thinking being) bin, auf das mannigfache Empfindungen einwirken; auch läßt sich unmöglich begreifen, wie eine Empfindung in

einer nicht wahrnehmenden Substanz existieren sollte. — Aber wenn ich dagegen die sinnlichen Dinge unter einem anderen Gesichtspunkt betrachte und sie als soundso viele Modi und Qualitäten ansehe, so halte ich es für notwendig, ein materielles *Substrat* (substratum) anzunehmen, ohne das man ihr Dasein nicht begreifen kann.

Phil.: *Materielles Substrat* nennst du es? Und bitte, welcher deiner Sinne hat die Bekanntschaft mit diesem Wesen vermittelt?

Hyl.: Es selbst ist nicht sinnlich; nur seine Modi und Qualitäten werden durch die Sinne wahrgenommen.

Phil.: Ich vermute also, du hast die Vorstellung davon * durch vernünftige Überlegung gewonnen?

Hyl.: Ich erhebe nicht den Anspruch, eine klare, bestimmte Vorstellung davon zu haben. Gleichwohl schließe ich auf sein Dasein, weil sich das Dasein von Qualitäten ohne einen Träger (support) nicht verstehen läßt.

Phil.: Du scheinst demnach nur einen Beziehungsbegriff (relative notion) von ihr zu haben oder sie nicht anders begreifen zu können als in ihrer Beziehung zu sinnlichen Qualitäten.

Hyl.: Richtig.

Phil.: Laß mich denn wissen, worin diese Beziehung besteht.

Hyl.: Ist sie nicht genügend durch die Bezeichnung *Substrat* oder *Substanz* ausgedrückt?

Phil.: Demnach müßte das Wort Substrat bedeuten, daß es den sinnlichen Qualitäten oder Akzidenzien (accidents) untergebreitet ist?

Hyl.: Jawohl.

Phil.: Und folglich auch der Ausdehnung?

Hyl.: Zugestanden.

Phil.: Es ist also seiner eigenen Natur nach etwas von der Ausdehnung gänzlich Verschiedenes?

Hyl.: Ich sage ja, Ausdehnung ist nur ein Modus, und Materie ist etwas, das die Modi trägt. Und ist es nicht klar, daß das, was getragen wird, sich von dem unterscheidet, was trägt?

Phil.: So muß also etwas von der Ausdehnung Verschiedenes und sie Ausschließendes als Substrat der Ausdehnung angenommen werden?

Hyl.: Ganz recht.

Phil.: Beantworte mir eines, Hylas: Kann ein Ding ausgebreitet sein ohne Ausdehnung? Und ist nicht die Vorstellung der Ausdehnung notwendig im Ausbreiten (spreading) eingeschlossen?

Hyl.: Jawohl.

Phil.: Wovon du auch immer annimmst, daß es irgendeinem Dinge untergebreitet ist, so muß es doch in sich Ausdehnung haben, die sich von der Ausdehnung des Dinges, dem es zugrunde liegt, unterscheidet.

Hyl.: Gewiß.

Phil.: Die Folge davon ist, daß jede körperliche Substanz als das Substrat der Ausdehnung in sich selbst eine andere Ausdehnung haben muß, die sie befähigt, ein Substrat zu sein, und so weiter ins Unendliche? Nun frage ich, ob dies nicht an sich sinnlos ist und zugleich dem, was du eben zugestanden hast, widerspricht, nämlich daß das Substrat etwas von der Ausdehnung Verschiedenes und sie Ausschließendes ist?

Hyl.: Ja aber, Philonous, du verstehst mich falsch. Ich meine nicht, daß Materie im grobwörtlichen Sinn unter die Ausdehnung gebreitet ist. Das Wort Substrat wird nur gebraucht, um im allgemeinen dasselbe wie Substanz auszudrücken.

Phil.: Nun wohl, laß uns die Beziehung, die in der Bezeichnung *Substanz* liegt, prüfen. Liegt sie nicht darin, daß dieselbe den Qualitäten (accidents) untersteht?

Hyl.: Eben darin.

Phil.: Aber muß nicht ein Ding ausgedehnt sein, um unter einem anderen zu stehen oder es zu tragen?

Hyl.: Jawohl.

Phil.: Ist also nicht diese Voraussetzung ebenso sinnlos wie die frühere?

Hyl.: Du nimmst immer noch alles im strengen wörtlichen Sinne; das ist nicht gerecht, Philonous.

Phil.: Ich will deinen Worten keinerlei Sinn aufzwingen; es steht dir frei, sie nach Belieben zu erklären. Aber, ich bitte dich inständig, laß mich nur etwas unter ihnen verstehen. Du sagst mir, die Materie trage Qualitäten (accidents) oder stehe unter ihnen. Etwa wie deine Beine deinen Körper tragen?

Hyl.: Nein, das ist ja der wörtliche Sinn.

Phil.: So laß mich doch bitte irgendeinen Sinn, wörtlich oder nicht wörtlich, wissen, in dem du es verstehst ... Wie lange muß ich noch auf Antwort warten, Hylas?

Hyl.: Wirklich, ich kann darauf nichts erwidern. Früher dachte ich, ich verstünde ganz gut, was damit gemeint sei, wenn man sagte, die Materie trage die Qualitäten (accidents). Je mehr ich aber jetzt darüber nachdenke, desto weniger kann ich es begreifen; kurz, ich finde, daß ich gar nichts davon weiß.

Phil.: Es scheint demnach, daß du von der Materie überhaupt keine Vorstellung hast, die durch sich oder durch anderes bestimmt wäre; du weißt weder, was sie an sich selbst ist, noch in welcher Beziehung sie zu den Qualitäten steht? *

Hyl.: Ich muß es zugeben.

Phil.: Und doch hast du behauptet, du könntest dir nicht vorstellen, wie Qualitäten oder Akzidenzien wirklich existieren sollten, ohne dir zugleich einen materiellen Träger für sie vorzustellen.

Hyl.: Das tat ich.

Phil.: Das heißt, wenn du dir das wirkliche Dasein der Qualitäten vorstellst, stellst du dir zugleich etwas vor, das du dir nicht vorstellen kannst.

Hyl.: Ich gebe zu, ich war auf falschem Wege. Doch 11
fürchte ich noch immer, es liegt irgendein Trugschluß vor. Was sagst du denn zu folgendem? Es ist mir soeben in den Sinn gekommen, daß die Ursache unseres ganzen Irrtums darin liegt, daß du jede Qualität für sich behandelst. Nun gebe ich zu, daß jede Qualität nicht einzeln unabhängig vom Geist existieren kann: Farbe nicht ohne Ausdehnung, noch Gestalt ohne irgendeine andere sinnliche Qualität. Aber da die verschiedenen sinnlichen Qualitäten in ihrer Vereinigung oder innigen Verbindung zusammen vollständige sinnliche Dinge bilden, steht nichts der Annahme im Wege, daß solche Dinge unabhängig vom Geist existieren.

Phil.: Entweder scherzest du, Hylas, oder hast ein sehr schlechtes Gedächtnis. Wenn wir zwar auch alle Qualitäten namentlich der Reihe nach durchgegangen sind, so liefen doch meine Gründe, oder besser deine Zugeständnisse, nirgends auf den Beweis hinaus, daß die sekundären Qualitäten einzeln nicht für sich existieren könnten, sondern daß sie *überhaupt nicht* ein vom Geist unabhängiges Dasein hätten. Ja, bei der Behandlung von Gestalt und Bewegung schlossen wir, daß sie deshalb nicht unabhängig vom Geist existieren könnten, weil es selbst in Gedanken unmöglich war, sie von allen sekundären Qualitäten zu trennen und sie als für sich existierend vorzustellen. Doch war dies nicht der einzige bei dieser Gelegenheit benutzte Beweisgrund. Aber übergehen wir alles bisher Gesagte und stellen es gar nicht in Rechnung, wenn du es so willst; ich gehe darauf ein, das Ganze von folgendem Ergebnis abhängig zu machen: Wenn du dir die *
Möglichkeit vorstellen kannst, daß irgendeine Mischung oder Verbindung von Qualitäten oder irgendein beliebiger sinn-

licher Gegenstand ein vom Geist unabhängiges Dasein habe, so will ich zugeben, daß er wirklich auf diese Weise existiert.

Hyl.: Wenn es *dazu* kommt, so wird diese Frage bald entschieden sein. Was ist leichter, als sich einen Baum oder ein Haus vorzustellen, die unabhängig und nicht wahrgenommen von irgendeinem Geist für sich existieren. Ich stelle mir ihr Dasein im gegenwärtigen Augenblick in dieser Weise vor.

Phil.: Aber, Hylas, kannst du denn etwas sehen, das zu gleicher Zeit nicht gesehen wird?

Hyl.: Nein — das wäre ein Widerspruch.

Phil.: Ist es nicht ein ebenso großer Widerspruch, über das *Vorstellen* von etwas, das nicht *vorgestellt* wird, zu reden?

Hyl.: Natürlich.

Phil.: Also ist der Baum oder das Haus, an welches du denkst, von dir vorgestellt?

Hyl.: Wie könnte es anders sein?

Phil.: Und das Vorgestellte ist doch sicherlich im Geist?

Hyl.: Ohne Frage, das Vorgestellte ist im Geist.

Phil.: Wie kamst du denn zu der Behauptung, daß du dir ein Haus oder einen Baum vorstelltest, der unabhängig und außerhalb jeglichen Geistes existierte?

Hyl.: Ich gebe zu, das war ein Versehen. Doch halt, laß mich bedenken, was mich dazu verleitete. Es ist ein ganz spaßhafter Fehler. Als ich mir einen Baum an einem einsamen
* Ort dachte und niemanden dabei, ihn zu sehen, da meinte ich, das hieße sich einen Baum vorstellen, der von niemand wahrgenommen und unbeachtet da sei, ohne zu bedenken, daß ich ihn mir selbst die ganze Zeit vorgestellt hatte. Aber jetzt sehe ich deutlich: ich kann weiter nichts als Vorstellungen in meinem eigenen Geist bilden. Ich kann allerdings in meinen eigenen Gedanken die Vorstellung eines Baumes, eines Hauses oder eines Berges fassen — aber das ist auch alles. Und das beweist noch lange nicht, daß ich mir ihr *Dasein*

außerhalb des Geistes aller Seelenwesen vorstellen kann.

Phil.: Du erkennst also an, daß du dir unmöglich vorstellen könntest, wie irgendein körperliches sinnliches Ding anders als in einem Geist existieren sollte?

Hyl.: Jawohl.

Phil.: Und dennoch willst du ernstlich für etwas, das du dir nicht einmal vorstellen kannst, streiten?

Hyl.: Ich weiß mir wahrhaftig nicht zu helfen. Indessen 12
bleiben mir noch einige Bedenken. Ist es nicht gewiß, daß ich Dinge in einem bestimmten Abstand *sehe*? Nehmen wir nicht z. B. die Sterne und den Mond als weit von uns entfernt wahr? Wird dies denn nicht den Sinnen ganz klar?

Phil.: Nimmst du nicht auch im Traume diese oder ähnliche Gegenstände wahr?

Hyl.: Jawohl.

Phil.: Und erwecken sie nicht dann denselben Anschein der Entfernung?

Hyl.: Das ist wahr.

Phil.: Aber daraus schließest du doch nicht, daß die Erscheinungen im Traume unabhängig vom Geist existieren?

Hyl.: Keineswegs.

Phil.: Du solltest demnach nicht aus ihrer Erscheinung oder der Art, wie sinnliche Gegenstände wahrgenommen werden, schließen, sie existierten unabhängig vom Geist.

Hyl.: Ich gebe es zu. Aber täuschen mich meine Sinne nicht in dergleichen Fällen?

Phil.: Keineswegs. Daß die Vorstellung oder das Ding, das du unmittelbar wahrnimmst, tatsächlich unabhängig vom Geist existiert, lehren dich weder Sinne noch Vernunft. Durch die Sinne erfährst du nur, daß du von den und den bestimmten Licht-, Farbenempfindungen usw. erregt wirst. Und von diesen wirst du nicht behaupten, daß sie unabhängig vom Geist existierten.

Hyl.: Schon wahr; aber abgesehen von alledem, glaubst du nicht, daß uns das Sehen auf etwas wie ein *Außerunssein* oder eine *Entfernung* hinweist?

Phil.: Ändert sich ständig die sichtbare Größe und Gestalt, wenn man sich einem entfernten Gegenstand nähert, oder erscheinen sie aus allen Entfernungen gleich?

Hyl.: Sie sind in dauerndem Wechsel begriffen.

Phil.: Das Sehen also weist nicht darauf hin, noch belehrt es dich irgendwie, daß der sichtbare Gegenstand, den du * unmittelbar wahrnimmst, in einer Entfernung existiert oder bei deinem weiteren Vorwärtsschreiten wahrgenommen werden wird; es ist vielmehr eine ununterbrochene Reihe sichtbarer Gegenstände, die einander während der ganzen Zeit deiner Annäherung folgen.

Hyl.: So ist es, aber dennoch weiß ich, wenn ich einen Gegenstand sehe, welchen Gegenstand ich wahrnehmen werde, nachdem ich eine bestimmte Entfernung zurückgelegt habe, ganz gleich, ob es genau derselbe ist oder nicht; es ist immer auf so etwas wie Entfernung in dem Falle hingewiesen.

Phil.: Bester Hylas, denke nur ein wenig über diese Frage nach und sage mir dann, ob darin mehr als folgendes zu finden ist: Aus den tatsächlich durch den Gesichtssinn wahrgenommenen Vorstellungen hast du aus Erfahrung schließen gelernt, welche anderen Vorstellungen (nach der feststehenden Ordnung der Natur) in dir nach einer bestimmten Folge von Zeit und Bewegung hervorgerufen werden.

Hyl.: Im ganzen halte ich es allerdings für nichts anderes.

Phil.: Ist es nun nicht klar, daß, wenn wir annehmen, ein * Blindgeborener würde plötzlich sehend, er zunächst keine Erfahrung davon haben könnte, was durch den Gesichtssinn eingegeben wird?

Hyl.: Jawohl.

Phil.: Er würde also nach deiner Ansicht keinen Begriff von Entfernung mit den gesehenen Dingen verknüpfen, sondern würde sie für eine neue Reihe von Empfindungen halten, die nur in seinem Geist existierten.

Hyl.: Das ist nicht abzustreiten.

Phil.: Um aber die Sache noch klarer zu machen: ist nicht die E n t f e r n u n g eine Linie, die gerade zum Auge führt?

Hyl.: Jawohl.

Phil.: Und kann eine so gezogene (situated) Linie durch den Gesichtssinn wahrgenommen werden?

Hyl.: Nein. *

Phil.: Folgt also nicht daraus, daß wir die Entfernung nicht eigentlich und unmittelbar durch den Gesichtssinn wahrnehmen?

Hyl.: Dies scheint mir auch.

Phil.: Ist es andererseits deine Ansicht, daß die Farben sich in einer Entfernung befinden?

Hyl.: Es muß zugegeben werden, daß sie nur im Geist vorhanden sind.

Phil.: Aber scheinen die Farben unserem Auge nicht an derselben Stelle mit Ausdehnung und Gestalt gleichzeitig zusammen zu existieren?

Hyl.: Allerdings.

Phil.: Wie kannst du denn nach deinem Gesichtssinn schließen, daß Gestalten außerhalb existieren, wenn du zugibst, bei Farben sei es nicht so, wo doch die sinnliche Erscheinung ganz die gleiche bei beiden ist.

Hyl.: Darauf weiß ich keine Antwort.

Phil.: Ließen wir es auch gelten, daß die Entfernung wahrhaft und unmittelbar durch den Geist wahrgenommen werde, so dürfte man dennoch daraus nicht folgern, daß sie außerhalb des Geistes bestünde. Denn alles, was unmittelbar wahrgenommen wird, ist eine Vorstellung; und kann eine V o r s t e l l u n g außerhalb des Geistes existieren?

13 Hyl.: Die Annahme wäre sinnlos; aber belehre mich, Philonous, können wir außer unseren Vorstellungen nichts
* wahrnehmen oder erfahren?

Phil.: Was das vernunftgemäße Ableiten von Ursachen aus Wirkungen betrifft, so liegt das nicht im Bereich unserer
* Untersuchung. Und ob du durch die Sinne irgendwie anders als unmittelbar wahrnimmst, kannst du dir am besten selber sagen. Ich frage nun, ob die unmittelbar wahrgenommenen Dinge etwas anderes sind als deine eigenen Empfindungen oder Vorstellungen? Du hast dich freilich im Laufe dieses Gesprächs mehr als einmal über diese Punkte geäußert, aber nach deiner letzten Frage scheinst du von deiner vorigen Ansicht abgewichen zu sein.

Hyl.: Die Wahrheit zu sagen, Philonous, ich glaube, es gibt zwei Arten von Gegenständen: die einen werden unmittelbar wahrgenommen und auch *Vorstellungen* genannt; die anderen sind wirkliche Dinge oder äußere Gegenstände und werden durch Vermittlung der Vorstellungen wahrgenommen, die ihre Abbilder (images) und Vertreter sind. Nun gebe ich zu, daß Vorstellungen nicht unabhängig
* vom Geist existieren, wohl aber diese letztere Klasse von Gegenständen. Es tut mir leid, auf diese Unterscheidung nicht früher verfallen zu sein; sie würde dir wahrscheinlich manches zu sagen erspart haben.

Phil.: Werden jene äußeren Gegenstände durch die Sinne oder irgendein anderes Vermögen wahrgenommen?

Hyl.: Durch die Sinne.

Phil.: Wie? Wird irgend etwas durch die Sinne anders als unmittelbar wahrgenommen?

Hyl.: Ja, Philonous, in gewisser Weise wohl. Wenn ich z. B. ein Bild oder eine Statue Julius Cäsars betrachte, kann man in einer Art behaupten, daß ich ihn durch die Sinne (wenn auch nicht unmittelbar) wahrnehme.

Phil.: Es scheint demnach, du willst unsere Vorstellungen, die allein unmittelbar wahrgenommen werden, Abbilder (pictures) der äußeren Dinge sein lassen: so wären diese ebenfalls durch die Sinne wahrgenommen, insofern sie eine Übereinstimmung oder Ähnlichkeit mit unseren Vorstellungen haben.

Hyl.: So meine ich es.

Phil.: Und in derselben Weise wie Julius Cäsar, an sich selbst unsichtbar, nichtsdestoweniger durch den Gesichtssinn wahrgenommen wird, so werden wirkliche Dinge, an sich selbst nicht wahrnehmbar, durch die Sinne wahrgenommen.

Hyl.: Ganz recht.

Phil.: Sag einmal, Hylas, wenn du das Bild Julius Cäsars betrachtest, siehst du da mit den Augen irgend etwas mehr als einige Farben und Formen, das Ganze in gewisser Regelmäßigkeit und Anordnung?

Hyl.: Nein, sonst nichts.

Phil.: Und würde nicht jemand, der nie etwas von Julius Cäsar gehört hätte, ebensoviel sehen?

Hyl.: Freilich.

Phil.: Folglich hat er seinen Gesichtssinn und dessen Gebrauch in gleich vollkommenem Grade wie du?

Hyl.: Ganz meine Ansicht.

Phil.: Woher kommt es dann, daß deine Gedanken auf den römischen Imperator gerichtet sind, und seine nicht? Aus den Empfindungen oder Vorstellungen der Sinne, die du dabei wahrnimmst, kann es nicht stammen; denn du gibst zu, in dieser Hinsicht vor ihm nichts voraus zu haben. Es scheint also aus der Vernunft und dem Gedächtnis zu stammen, nicht wahr?

Hyl.: Allerdings.

Phil.: Also folgt aus diesem Beispiel nicht, daß irgend etwas anders wie unmittelbar durch die Sinne wahrgenommen

werde. Ich gebe zwar zu, man kann in gewisser Hinsicht von mittelbar durch die Sinne wahrgenommenen sinnlichen Dingen reden — nämlich da, wo infolge einer häufig wahrgenommenen Verknüpfung die unmittelbare Wahrnehmung von Vorstellungen durch den einen Sinn dem Geist andere, vielleicht einem anderen Sinne zugehörige eingibt, die gewöhnlich mit ihnen verknüpft sind. Wenn ich z.B. eine Kutsche durch die Straßen fahren höre, nehme ich unmittelbar nur den Laut wahr; aber nach meiner Erfahrung, daß solch ein Laut mit einer Kutsche zusammenhängt, kann ich sagen, ich höre die Kutsche. Nichtsdestoweniger ist ersichtlich, daß streng genommen in Wirklichkeit nichts als der Laut *gehört* werden kann, und die Kutsche wird demnach nicht eigentlich durch die Sinne wahrgenommen, sondern durch Erfahrung eingegeben. Ganz ebenso ist es, wenn man davon spricht, einen rotglühenden Eisenstab zu sehen; die Dichte und Hitze des Eisens sind nicht Gegenstand des Gesichtssinnes, sondern werden durch die Farbe und Gestalt, die eigentlich durch diesen Sinn wahrgenommen werden, in der Einbildungskraft hervorgerufen. Kurz, nur solche Dinge werden tatsächlich und streng genommen durch irgendeinen Sinn wahrgenommen, die es auch in dem Falle würden, wenn dieser selbe Sinn
* uns eben erst verliehen wäre. Von den übrigen Dingen ist es klar, daß sie nur die Erfahrung, auf frühere Wahrnehmungen gegründet, dem Geist eingibt. Um nun zu deinem Vergleich mit Cäsars Bild zurückzukehren; wenn du daran festhältst, mußt du offensichtlich annehmen, daß die wirklichen Dinge oder Urbilder (archetypes) unserer Vorstellungen nicht durch die Sinne wahrgenommen werden, sondern durch irgendein inneres Vermögen der Seele wie die Vernunft oder das Gedächtnis. Ich wüßte deshalb gern, welche Gründe du aus der Vernunft für das Dasein der — wie du sie nennst — *wirklichen Dinge* oder *materiellen Gegenstände* herleiten kannst; oder ob du dich erinnerst, sie früher einmal

so gesehen zu haben, wie sie an sich selbst sind, endlich ob du von irgend jemand gehört oder gelesen hast, dem das begegnet wäre.

Hyl.: Wie ich sehe, Philonous, bist du zum Spotten aufgelegt. Aber das wird mich niemals überzeugen.

Phil.: Ich beabsichtige nur, von dir den Weg zu erfahren, der mich zur Erkenntnis von *materiellen Wesen* führt. Was immer wir wahrnehmen, wird unmittelbar oder mittelbar wahrgenommen: durch die Sinne oder durch Vernunft und Überlegung. Doch da du die Sinne ausgeschaltet hast, * so zeige mir bitte deinen Grund, an das Dasein dieser Wesen zu glauben; oder welches *Mittel* du möglicherweise anwenden kannst, dasselbe meinem oder deinem Verstande zu beweisen.

Hyl.: Aufrichtig gestanden, Philonous, wenn ich jetzt diesen Punkt ins Auge fasse, finde ich, daß ich dir keinerlei guten Grund dafür anzugeben vermag. Aber so viel scheint doch immerhin klar, daß das wirkliche Dasein solcher Dinge wenigstens möglich ist. Und solange in ihrer Annahme keine Sinnlosigkeit liegt, bin ich entschlossen, in meinem Glauben zu verharren, bis du für das Gegenteil triftige Gründe beibringst.

Phil.: Ei, ist es so weit gekommen, daß du an das Dasein materieller Gegenstände nur *glaubst* und daß dein Glaube sich bloß auf die Möglichkeit der Wahrheit gründet? Nun verlangst du von mir, daß ich Gegenstände anführe; andere würden es freilich für vernünftiger halten, daß derjenige, der etwas behauptet, es auch beweisen muß. Und schließlich ist der nämliche Punkt, den du jetzt ohne jeden Grund zu halten entschlossen bist, wirklich derselbe, den du im Laufe dieses Gesprächs mehr als einmal aufzugeben für begründet ansahst. Übergehen wir aber all das. Wenn ich dich recht verstehe, behauptest du jetzt, daß unsere Vorstellungen nicht unabhängig vom Geist existieren, aber daß sie Abdrücke (copies), Abbilder (images) oder Stellvertreter (representatives) gewisser Urbilder (originals) sind, die so existieren.

Hyl.: Du verstehst mich recht.

* Phil.: Sie gleichen also den äußeren Dingen?

Hyl.: Jawohl.

Phil.: Sind jene Dinge von beständiger und dauerhafter Natur, unabhängig von unseren Sinnen, oder sind sie in immerwährendem Wechsel begriffen, wenn wir Bewegungen in unserem Körper hervorrufen — indem wir unsere Vermögen oder Sinneswerkzeuge außer Tätigkeit setzen, anstrengen oder verändern?

Hyl.: Wirkliche Dinge haben offensichtlich eine feste und wirkliche Natur, die trotz jeder Veränderung in unseren Sinnen oder in der Stellung und Bewegung unseres Körpers dieselbe bleibt; letztere mögen allerdings die Vorstellungen in unserem Geist beeinflussen, aber unsinnig wäre es anzunehmen, sie hätten dieselbe Wirkung auf Dinge, die unabhängig vom Geist existieren.

Phil.: Wie ist es denn möglich, daß etwas so Wechselndes und in dauerndem Fluß Befindliches wie unsere Vorstellungen Abdrücke oder Abbilder von etwas Festem und Beständigem sein sollten? Oder mit anderen Worten: da alle sinnlichen Qualitäten wie Größe, Gestalt, Farbe usw., d. h. unsere Vorstellungen, bei jedem Wechsel der Entfernung, des Mediums oder der Werkzeuge der Empfindung in beständiger Veränderung sind — wie kann da irgendein bestimmter materieller Gegenstand durch mehrere getrennte Dinge, von denen jedes vom anderen so verschieden und ungleich den übrigen ist, entsprechend vertreten und abgemalt werden? Oder wenn du sagst, er gleiche nur der einen unserer Vorstellungen, wie sollen wir imstande sein, den wahren Abdruck von all den falschen zu unterscheiden?

Hyl.: Wahrhaftig, Philonous, ich gerate in Verlegenheit. Ich weiß nicht, was ich dazu sagen soll.

Phil.: Aber dies ist noch nicht alles. Was sind materielle Gegenstände an sich — wahrnehmbar oder nicht wahrnehmbar?

Hyl.: Im eigentlichen Sinne oder unmittelbar können nur Vorstellungen wahrgenommen werden. Alle materiellen Dinge sind demnach an sich nicht empfindbar und können nur durch unsere Vorstellungen wahrgenommen werden.

Phil.: Vorstellungen sind also empfindbar, und ihre Ur- oder Vorbilder (originals) sind nicht empfindbar?

Hyl.: Ganz recht.

Phil.: Aber wie kann das, was empfindbar ist, dem gleichen, was nicht empfindbar ist? Kann ein wirkliches Ding, an sich *unsichtbar*, einer *Farbe* gleichen oder ein wirkliches Ding, das nicht *gehört* werden kann, einem Ton? Mit einem Wort, kann irgend etwas einer Empfindung oder Vorstellung gleichen außer einer anderen Empfindung oder Vorstellung?

Hyl.: Ich sehe mich genötigt, es zu verneinen.

Phil.: Ist es möglich, daß über diese Frage der leiseste Zweifel herrscht? Erkennst du nicht vollkommen deine eigenen Vorstellungen?

Hyl.: Ich erkenne sie vollkommen; denn was ich nicht wahrnehme oder erkenne , kann keinen Teil meiner Vorstellung ausmachen. *

Phil.: Betrachte und prüfe sie also, und dann sage mir, ob etwas in ihnen ist, was unabhängig vom Geist existieren kann? Oder ob du dir von etwas ihnen Ähnlichem einen Begriff machen kannst, das unabhängig vom Geist existiert?

Hyl.: Wenn ich es untersuche, so ist es mir unmöglich zu begreifen oder zu verstehen, wie etwas außer einer Vorstellung einer Vorstellung gleichen kann. Und es leuchtet völlig ein, daß *keine Vorstellung unabhängig vom Geist existieren kann.*

14 Phil.: Danach bist du durch deine Grundsätze gezwungen, die Wirklichkeit sinnlicher Dinge abzuleugnen; denn du meintest, diese bestünde in einem absoluten Dasein außerhalb des Geistes. Das heißt, du bist ein völliger Skeptiker. So habe ich meine Absicht erreicht, nämlich zu zeigen, daß deine Grundsätze zum Skeptizismus führen.

Hyl.: Für den Augenblick bin ich, wenn auch nicht völlig überzeugt, doch wenigstens zum Schweigen gebracht.

Phil.: Ich möchte gern wissen, was du zu deiner völligen Überzeugung noch weiter verlangst. Hat es dir nicht freigestanden, dich in jeder möglichen Richtung zu erklären? Wurde etwa irgendein kleines Versehen in der Unterredung ausgenutzt und auf ihm verweilt? Oder durftest du nicht jegliches, was du vorgebracht hast, zurückziehen oder verstärken, so wie es seinem Zweck am besten diente? Ist nicht alles, was du nur sagen konntest, mit jeder erdenklichen Billigkeit angehört und geprüft worden? Kurz, bist du nicht in jedem Punkte mit deinen eigenen Worten überführt worden? Und wenn du jetzt einen Fehler in dem, was du zugestanden hast, entdeckst oder eine Ausflucht, die noch bliebe, irgendeine neue Unterscheidung, Färbung oder eine beliebige Erläuterung ersinnen kannst — warum bringst du sie nicht vor?

Hyl.: Ein wenig Geduld, Philonous. Ich bin gegenwärtig so bestürzt, mich in der Schlinge zu sehen und gewissermaßen in den Irrgängen gefangen, in die du mich geführt hast, daß du nicht verlangen kannst, ich sollte meinen Weg so plötzlich herausfinden. Du mußt mir Zeit lassen, mich zu besinnen und zu sammeln.

Phil.: Horch! Ist das nicht die Schulglocke?

* Hyl.: Sie läutet zum Gebet.

Phil.: Wir wollen denn hineingehen, wenn es dir recht ist, und uns morgen früh wieder hier treffen. In der Zwischenzeit magst du über die Unterredung von heute morgen nachdenken und zusehen, ob du irgendeinen Trugschluß in ihr finden oder irgendwelche neuen Mittel entdecken kannst, dich herauszuwinden.

Hyl.: Einverstanden.

ZWEITER DIALOG

Hyl.: Verzeih, Philonous, daß ich dich nicht eher aufgesucht habe. Den ganzen Morgen war mein Kopf von unserem gestrigen Gespräch so voll, daß ich nicht dazu kam, an die Tageszeit oder überhaupt an irgend etwas anderes zu denken. 1

Phil.: Ich freue mich, daß du dich so eifrig damit beschäftigt hast, und hoffe, wenn irgendwelche Fehler in deinen Zugeständnissen oder Trugschlüsse in meinen Folgerungen aus ihnen vorgekommen sind, daß du mir sie jetzt aufdecken wirst.

Hyl.: Ich kann dir versichern, ich habe die ganze Zeit, seit ich dich sah, nichts getan als nach Fehlern und Trugschlüssen gesucht und zu diesem Zweck gewissenhaft den Verlauf unserer gestrigen Unterredung geprüft — aber alles umsonst; denn die Ansichten, zu denen ich gelangte, erscheinen bei nochmaliger Durchsicht nur noch klarer und einleuchtender; und je mehr ich sie betrachte, um so unwiderstehlicher erzwingen sie meine Zustimmung.

Phil.: Und hältst du das nicht für ein Zeichen ihrer Echtheit, ihres Ursprungs aus der Natur und ihrer Übereinstimmung mit der gesunden Vernunft? Wahrheit und Schönheit sind hierin gleich, daß die genaueste Besichtigung ihnen beiden zum Vorteil gereicht, während der falsche Glanz des Irrtums und des Scheines eine Prüfung oder zu nahe Untersuchung nicht vertragen kann. *

Hyl.: Ich gebe zu, es ist viel Wahres an dem, was du sagst. Auch kann niemand vollkommener von der Wahrheit jener seltsamen Folgerungen überzeugt sein, als ich es bin, solange ich auf diese Schlüsse sehe, die zu ihnen führten. Aber, sowie ich nicht mehr an diese denke, scheint mir andererseits etwas so Überzeugendes, so Natürliches und Verständliches an der neueren Erklärungsart der Dinge zu sein, daß ich gestehen muß, ich kann sie nicht ganz von der Hand weisen.

Phil.: Ich weiß nicht, welche Erklärungsart du meinst.

Hyl.: Ich meine die, welche über unsere Empfindungen und Vorstellungen Rechenschaft gibt.

Phil.: Nun?

Hyl.: Man nimmt an, daß die Seele in einem gewissen Teil des Gehirns ihren Wohnsitz hat, von wo aus die Nerven ihren Anfang nehmen und sich dann in alle Teile des Körpers verbreiten, und daß äußere Gegenstände durch die verschiedenen Eindrücke, die sie auf die Sinneswerkzeuge machen, die Nerven in bestimmte schwingende Bewegungen versetzen; die Nerven nun, die mit Lebensgeistern (spirits) erfüllt sind, pflanzen die Bewegung zum Gehirn oder dem Sitz der Seele fort; diese wird, entsprechend den verschiedenen dadurch im Gehirn hervorgerufenen Eindrücken oder Spuren, auf verschiedene Weise durch Vorstellungen erregt.

Phil.: Und nennst du dies eine Erklärung der Art, wie wir durch Vorstellungen erregt werden?

Hyl.: Warum nicht, Philonous, hast du etwas dagegen einzuwenden?

Phil.: Zunächst möchte ich wissen, ob ich deine Hypothese richtig verstehe. Du läßt bestimmte Spuren im Gehirn die Ursachen und Veranlassungen unserer Vorstellungen sein. Sage mir bitte, ob du mit G e h i r n ein sinnliches Ding meinst.

Hyl.: Was könnte ich sonst damit meinen?

Phil.: Alle sinnlichen Dinge sind unmittelbar wahrnehmbar; und diejenigen Dinge, die unmittelbar wahrnehmbar sind, sind Vorstellungen; und diese existieren nur im Geist. Soviel hast du, wenn ich nicht irre, schon längst zugegeben.

Hyl.: Das will ich nicht bestreiten.

Phil.: Also das Gehirn, von dem du sprichst, ist ein sinnliches Ding und existiert als solches nur im Geist. Nun wüßte ich gern, ob du die Annahme vernünftig findest, daß eine Vorstellung oder ein Ding, das im Geist existiert, alle anderen Vorstellungen veranlaßt. Und, wenn das deine Ansicht ist, wie gibst du wohl über den Ursprung dieser ersten Vorstellung oder des Gehirns selbst Rechenschaft?

Hyl.: Ich erkläre den Ursprung unserer Vorstellungen nicht durch das sinnlich wahrnehmbare Gehirn — dieses ist ja selbst nur eine Verbindung sinnlicher Vorstellungen —, sondern durch ein anderes, das ich mir vorstelle (imagine).

Phil.: Aber sind nicht vorgestellte Dinge ebenso wahrhaft im G e i s t wie sinnlich wahrgenommene? *

Hyl.: Das muß ich zugeben.

Phil.: Es kommt demnach auf dasselbe hinaus; du hast die ganze Zeit Vorstellungen durch bestimmte Bewegungen oder Eindrücke im Gehirn erklärt, das heißt durch Veränderungen in einer Vorstellung, wobei es nichts ausmacht, ob diese sinnlich oder erdacht ist.

Hyl.: Allmählich beginne ich an meiner Hypothese zu zweifeln.

Phil.: Sehen wir von Seelenwesen (spirits) ab, so ist alles, was wir erkennen oder auffassen, unsere eigene Vorstellung. Wenn du also sagst, daß alle Vorstellungen durch Eindrücke im Gehirn veranlaßt werden — stellst du dir nun das Gehirn vor oder nicht? Tust du es, so sprichst du von Vorstellungen, die, in eine Vorstellung eingeprägt, dieselbe Vorstellung verursachen; und das ist sinnlos. Stellst du es dir nicht vor, so sprichst du unverständlich, anstatt eine vernünftige Hypothese zu bilden.

Hyl.: Jetzt sehe ich klar, es war der reine Traum. Es ist nichts daran.

Phil.: Das braucht dich nicht weiter zu stören; denn schließlich hätte diese Erklärungsart der Dinge, wie du es nanntest, niemals einen vernünftigen Menschen befriedigen können. Welche Verbindung besteht denn zwischen einer Bewegung in den Nerven und den Ton- oder Farbenempfindungen im Geist? Oder wie ist es möglich, daß diese die Wirkung von jener sein sollten?

Hyl.: Aber ich hätte nie gedacht, daß so wenig daran wäre, wie mir jetzt scheint.

Phil.: Nun bist du endlich überzeugt, daß kein sinnliches Ding wirkliches Dasein habe und daß du in Wahrheit ein *Erzskeptiker* bist?

Hyl.: Es ist zu klar; leugnen wäre vergeblich.

2 Phil.: Sieh, sind nicht die Felder mit entzückendem Grün
bedeckt? Webt nicht etwas in Wald und Hain, in Flüssen und
klaren Quellen, das die Seele besänftigt, erfreut und erhebt?
Wird nicht beim Anblick des weiten und tiefen Ozeans oder
* eines mächtigen Berges, dessen Gipfel sich in den Wolken
verliert, oder eines alten düsteren Forstes unser Geist mit
wonnigem Schauder erfüllt? Wirkt nicht selbst die Wildheit
von Felsen und Wüsten erfreulich? Welch reines Vergnügen
* gewährt die Betrachtung der Naturschönheiten der Erde!
Wird nicht zuzeiten der Schleier der Nacht vor ihr Antlitz gezogen, um unser Wohlgefallen zu erhalten und zu erneuern, und wechselt sie nicht mit den Jahreszeiten ihr Kleid? Wie planvoll sind die Elemente geordnet! Welche Mannigfaltigkeit und Zweckmäßigkeit (in den kleinsten Erzeugnissen der Natur)!*) Welche Zartheit, Schönheit und Kunst in Tier- und Pflanzenkörpern! Wie ausgesucht und passend sind alle Dinge eingerichtet, sowohl für ihre besonderen Zwecke als auch für das Ganze, als dessen Teile sie sich die Waage halten! Heben sie sich nicht auch voneinander ab und setzen sich wechsel-

*) Statt des in Klammern eingeschlossenen Ausdrucks steht in den beiden ersten Auflagen „in Steinen und Mineralien".

weise ins rechte Licht, während sie sich gegenseitig unterstützen und tragen! Hebe jetzt deine Gedanken von diesem Erdenball zu jenen herrlichen Lichtwelten, die den hohen Himmelsbogen schmücken. Ist nicht an der Bewegung und Stellung der Planeten die Zweckmäßigkeit und Ordnung bewundernswert? Hat man von den (fälschlich Irrsterne genannten) Planeten jemals gehört, daß sie auf ihren wiederholten Wanderungen durch die pfadlose Leere von ihrer Bahn abgewichen wären? Messen sie nicht um die Sonne Flächen aus, die stets den Umlaufzeiten entsprechen? So bestimmt, so unveränderlich sind die Gesetze, durch die der unsichtbare Schöpfer der Natur das Weltall bewegt! Wie lebhaft und strahlend ist der Glanz der Fixsterne! Wie großartig der Reichtum in jener lässigen Verschwendung, die sie im ganzen tiefblauen Gewölbe verstreut zu haben scheint! Dennoch, wenn du das Fernrohr zur Hand nimmst, bringt es in dein Blickfeld ein neues Heer von Sternen, die dem bloßen Auge entgehen. Sonst erscheinen sie nah beisammen und winzig, aber bei näherer Betrachtung erweisen sie sich als ungeheure Lichtkugeln, in verschiedenen Abständen, im abgrundtiefen Raum verloren. Nun mußt du die Einbildung zu Hilfe nehmen. Die schwachen, beschränkten Sinne können nicht diese zahllosen, um mittlere Sonnen kreisenden Welten erfassen, noch in diesen Welten die wirkende Kraft eines allvollkommenen, in unendlich vielen Formen sich darstellenden Geistes. Aber weder Sinne noch Einbildungskraft reichen aus, die grenzenlose Ausdehnung mit ihrem ganzen schimmernden Hausrat zu begreifen. Wenn auch der strebende Geist alle Kräfte bis zur äußersten Grenze anspannt, so bleibt noch immer unerkannt Unermeßliches übrig. Und doch sind die gewaltigen Körper, die dies mächtige Gebäude ausmachen, so entfernt sie auch sein mögen, durch ein geheimes Uhrwerk, * eine göttliche Kunst und Kraft, in wechselseitiger Abhängigkeit und Verbindung zusammengekettet, selbst mit dieser

Erde, die ich in diesem Weltengewimmel fast aus den Gedanken verloren hatte. Ist nicht die ganze Weltordnung unaussprechlich groß, schön und herrlich! Welche Behandlung würden also jene Philosophen verdienen, die dies edle und entzückende Schauspiel aller Wirklichkeit berauben möchten? Wie könnte man derartige Grundsätze aufrechterhalten, die uns zu der Annahme führen, die ganze sichtbare Schönheit der Schöpfung sei nur glänzender Schein? Um deutlicher zu reden, glaubst du etwa, dieser dein Skeptizismus werde nicht von allen vernünftigen Menschen für völlig überspannt und sinnlos gehalten werden?

3 Hyl.: Andere mögen denken, was sie wollen; du für dein Teil hast mir nichts vorzuwerfen. Mein Trost ist, daß du ein ebenso großer Skeptiker bist wie ich.

Phil.: Mit Verlaub, Hylas, hierin weiche ich von dir ab.

Hyl.: Ei! hast du bisher den Prämissen zugestimmt, und jetzt willst du den Schluß bestreiten und mir allein es überlassen, die Paradoxe, zu denen du mich geführt hast, aufrechtzuerhalten? Das ist sicherlich nicht schön von dir.

Phil.: Ich bestreite, dir in den Ansichten, die zum Skeptizismus führen, zugestimmt zu haben. Du allerdings behauptetest, daß die *Wirklichkeit* sinnlicher Dinge in einem *absoluten Dasein* außerhalb des Geistes von Seelenwesen existierte oder in etwas anderem, als wie sie wahrgenommen werden. Und nach dieser Auffassung der Wirklichkeit bist du gezwungen, sinnlichen Dingen jedes wirkliche Dasein abzusprechen, d. h. nach deiner eigenen Erklärung bekennst du, ein Skeptiker zu sein. Aber weder sagte noch meinte ich, daß die Wirklichkeit sinnlicher Dinge in dieser Art erklärt werden müsse. Mir ist es aus den Gründen, mit denen du einverstanden bist, klar, daß sinnliche Dinge nicht anders als in einem Geist oder Seelenwesen existieren können. Hieraus schließe ich nicht, daß sie kein wirkliches Dasein haben, sondern in Anbetracht, daß sie nicht von meinen

Gedanken abhängen und ein von meinem Wahrnehmen verschiedenes Dasein führen, *daß es irgendeinen anderen Geist geben muß, in dem sie existieren.* So sicher also die sinnliche Welt wirklich existiert, so sicher gibt es ein unendliches allgegenwärtiges seelisches Wesen (infinite omnipresent spirit), das sie enthält und trägt.

Hyl.: Wie denn? Dies ist weiter nichts, als was ich und alle Christen behaupten; ja sogar alle anderen, die glauben, es gebe einen Gott und er kenne und begreife alle Dinge.

Phil.: Ja, aber der Unterschied liegt darin: die Menschen glauben gewöhnlich, daß Gott alle Dinge bekannt sind oder von ihm wahrgenommen werden, weil sie an das Dasein eines Gottes glauben; während ich umgekehrt auf das Dasein eines Gottes unmittelbar und notwendig schließe, weil alle sinnlichen Dinge von ihm wahrgenommen werden müssen.

Hyl.: Aber solange wir alle dasselbe glauben, was liegt daran, wie wir zu diesem Glauben kommen?

Phil.: Wir teilen aber auch nicht die gleiche Meinung. Denn obwohl die Philosophen anerkennen, daß alle körperlichen Wesen von Gott wahrgenommen werden, schreiben sie ihnen dennoch ein absolutes Sein zu, das davon unterschieden sein soll, daß sie von irgendeinem Geist wahrgenommen werden; und das tue ich nicht. Gibt es denn außerdem keinen Unterschied zwischen dem Satz: *Es gibt einen Gott, deshalb nimmt er alle Dinge wahr,* und dem Satz: *Sinnliche Dinge existieren wirklich; und wenn sie wirklich existieren, werden sie notwendig von einem unendlichen Geist wahrgenommen; also gibt es einen unendlichen Geist oder Gott?* Dies liefert dir einen direkten und unmittelbaren Beweis aus einem höchst einleuchtenden Grundsatz für das *Dasein eines Gottes.* Theologen und Philosophen haben aus der

Schönheit und Zweckmäßigkeit der verschiedenen Teile der Schöpfung unbestreitbar bewiesen, daß sie Gottes Werk ist. Daß aber — alle Hilfe der Astronomie und Naturphilosophie, alle Betrachtung der Planmäßigkeit, Anordnung und Einrichtung der Dinge beiseite gelassen — ein unendlicher Geist aus dem bloßen Dasein der sinnlichen Welt notwendig zu erschließen wäre, das ist freilich nur für diejenigen von Vorteil, die folgende leichte Überlegung angestellt haben: die sinnliche Welt ist die, welche wir durch unsere einzelnen Sinne wahrnehmen; durch die Sinne wird nichts wahrgenommen außer Vorstellungen; und keine Vorstellung noch das Urbild einer Vorstellung kann anders als in einem Geist existieren. Du kannst nun dem eifrigsten Verfechter des Atheismus ohne alles mühsame Forschen in den Wissenschaften, ohne alle Spitzfindigkeit der Vernunft oder ermüdend lange Untersuchungen entgegentreten und ihn vernichten. Jene jämmerlichen Behelfe, wo man entweder eine ewige Aufeinanderfolge ungeistiger Ursachen und Wirkungen oder ein zufälliges Zusammentreffen von Atomen annimmt, jene * Ausgeburten der Phantasie eines Vanini, Hobbes, Spinoza — mit einem Wort das ganze Gebäude des Atheismus —, wird es nicht völlig über den Haufen geworfen durch die einzige Erwägung, welch ein Widersinn in der Annahme liege, daß das Ganze oder ein Teil, selbst der roheste und formloseste der sichtbaren Welt, unabhängig von einem Geist existieren könne? Laß nur einen dieser Anstifter zur Gottlosigkeit in seine eigenen Gedanken blicken und dann versuchen, ob er begreifen kann, wie auch nur ein Fels, eine Wüste, ein Chaos oder Durcheinander von Atomen, wie überhaupt irgend etwas, Sinnliches oder Erdenkbares, unabhängig von einem Geist existieren kann, und dies wird genügen, ihn von seiner Narrheit zu überzeugen. Kann man anständiger handeln, als einen Streit so entscheiden und jemandem die Probe selbst überlassen, ob er auch nur in Gedanken begreifen kann, was er tatsächlich für wahr hält, und dem in der Vorstellung Vorhandenen ein wirkliches Dasein zugestehen?

Hyl.: Es läßt sich nicht leugnen, was du aufstellst, nützt 4
der Religion in hohem Maße. Aber meinst du nicht, daß es
der Auffassung einiger hervorragender neuerer Denker sehr
ähnlich ist: *daß wir alle Dinge in Gott sehen*? *

Phil.: Gern würde ich diese Ansicht kennenlernen; bitte, erkläre sie mir.

Hyl.: Sie stellen sich vor, daß die Seele als etwas Immaterielles nicht imstande ist, eine Verbindung mit materiellen Dingen einzugehen, so daß sie dieselben an sich wahrnähme, aber sie nähme sie durch ihre Verbindung mit der göttlichen Substanz wahr, die als seelisch deshalb rein verstandesgemäß erkennbar oder fähig ist, der unmittelbare Gegenstand der Gedanken eines Seelenwesens zu werden. Überdies enthält das göttliche Wesen Vollkommenheiten in sich, die jedem erschaffenen Wesen entsprechen, und diese sind deshalb geeignet, solche Wesen dem Geiste zu zeigen und darzustellen.

Phil.: Ich verstehe nicht, wie unsere Vorstellungen, die durchaus leidende und untätige (inert) Dinge sind, die Wesen oder einen Teil oder etwas von einem Teil Ähnliches von dem Wesen oder der Substanz Gottes ausmachen können, der ein nichtleidendes, nichtteilbares, bloß tätiges Wesen ist. Diese Hypothese setzt sich auf den ersten Blick noch viel mehr Schwierigkeiten und Einwürfen aus, aber ich will nur hinzufügen, daß sie denselben Sinnlosigkeiten wie die gewöhnliche unterworfen ist: nämlich eine geschaffene Welt anders als in dem Geist eines Seelenwesens existieren zu lassen. Abgesehen von alledem hat sie noch diese Besonderheit an sich, daß nach ihr die materielle Welt keinem Zwecke dient. Und wenn es als ein guter Beweisgrund gegen andere wissenschaftliche Hypothesen gilt, daß sie die Natur oder göttliche

Weisheit irgendwie zwecklos machen oder dies durch ein Verfahren ermüdender Umwege erreichen lassen, was auf weit leichterem und kürzerem Wege hätte ausgeführt werden können, was sollen wir von solcher Hypothese denken, die die ganze Welt umsonst geschaffen sein läßt?

Hyl.: Doch sage, bist du nicht auch der Meinung, daß wir alle Dinge in Gott sehen? Wenn ich mich nicht irre, kommt deine Auffassung dem nahe.

Phil.: [Wenige Leute denken, aber alle haben eine Meinung. Daher sind die Meinungen der Menschen oberflächlich und verworren. Es ist gar nicht seltsam, daß an sich noch so verschiedene Sätze nichtsdestoweniger verwechselt werden von denen, die sie nicht aufmerksam erwägen. Es wird mich also nicht überraschen, wenn manche sich einbilden, ich würde in die Schwärmerei des Malebranche hineingeraten; in Wirklichkeit jedoch bin ich weit davon entfernt. Er stützt sich auf die abstraktesten allgemeinen Vorstellungen, die ich völlig verwerfe. Er bejaht eine absolute Außenwelt, die ich verneine. Er behauptet, daß wir von unseren Sinnen getäuscht
* werden und nicht die wirkliche Natur oder die wahren Formen und Gestalten ausgedehnter Wesen kennen; von alledem halte ich gerade das Gegenteil aufrecht. Im ganzen gibt es keine so grundsätzlich entgegengesetzten Lehren wie seine und meine.]*) Es ist wahr, daß ich völlig mit dem, was die Heilige Schrift sagt, übereinstimme: „daß wir in Gott leben,
* weben und sind"; aber daß wir Dinge in Gott sehen nach der beschriebenen Art und Weise, das zu glauben liegt mir fern. Hier in Kürze meine Meinung. — Offensichtlich sind die Dinge, die ich wahrnehme, meine eigenen Vorstellungen, und keine Vorstellung kann anders als in einem Geist existieren. Nicht weniger klar ist, daß diese Vorstellungen oder von mir wahrgenommenen Dinge, entweder sie selbst oder ihre Ur-

*) Der in Klammern eingeschlossene Teil fehlt in den beiden ersten Auflagen.

bilder, unabhängig von meinem Geist existieren; weiß ich doch, daß ich selbst nicht ihr Urheber bin, da es nicht in meiner Macht steht, nach Belieben zu bestimmen, welche besonderen Vorstellungen in mir beim Öffnen meiner Augen und Ohren hervorgerufen werden sollen. Sie müssen also in einem anderen Geist existieren, dessen Wille es ist, daß sie mir gezeigt würden. Die unmittelbar wahrgenommenen Dinge, sage ich, sind Vorstellungen oder Empfindungen, nenne sie wie du magst. Aber wie kann eine Vorstellung oder Empfindung in etwas anderem als einem Geist oder Seelenwesen existieren oder von demselben hervorgebracht werden? Dies ist allerdings unbegreiflich; und etwas Unbegreifliches behaupten heißt sinnlos reden. Nicht?

Hyl.: Zweifellos.

Phil.: Aber andererseits ist es sehr begreiflich, daß sie in einem Seelenwesen existieren und von ihm hervorgebracht werden sollten; denn dies ist nichts weiter, als was ich täglich in mir selbst erfahre, indem ich zahllose Vorstellungen wahrnehme, durch einen Akt meines Willens eine große Mannigfaltigkeit von ihnen bilden und sie in meine Einbildung (imagination) erheben kann; freilich sind — das muß man zugeben — diese Gebilde der Einbildungskraft (fancy) nicht ganz so deutlich, stark, lebhaft und beständig wie die mit meinen Sinnen wahrgenommenen — welche letzteren wirkliche Dinge heißen. Aus alledem schließe ich, es gibt einen Geist, der in mir in jedem Augenblick all die sinnlichen Eindrücke, die ich wahrnehme, hervorbringt. Und aus ihrer Mannigfaltigkeit, Ordnung und Beschaffenheit schließe ich, daß ihr Urheber unermeßlich weise, mächtig und gut ist. Merke wohl, ich behaupte nicht: ich sehe die Dinge durch die Wahrnehmung dessen, was sie in der geistigen Substanz Gottes vorstellen. Dies verstehe ich nicht; aber ich behaupte, die von mir wahrgenommenen Dinge werden von dem Verstand eines unendlichen Seelenwesens gewußt und durch dessen Willen hervorgebracht. Und ist dies alles nicht völlig klar und einleuchtend? Enthält es doch nur das, was wir durch bloße Beobachtung unseres eigenen Geistes und dem, was in ihm vor sich geht, uns nicht nur vorstellen können, sondern zwangsläufig anerkennen müssen.

Hyl.: Ich glaube, ich begreife dich jetzt völlig und gestehe, daß der Beweis einer Gottheit, wie du ihn gibst, ebenso einleuchtet wie überrascht. Aber zugestanden, daß Gott die oberste und allgemeine Ursache aller Dinge ist — könnte es nicht doch noch eine dritte Art der Natur außer Seelenwesen und Vorstellungen geben? Können wir nicht eine * untergeordnete und beschränkte Ursache unserer Vorstellungen zulassen? Mit einem Wort, kann nicht trotz alledem Materie existieren?

Phil.: Wie oft muß ich dasselbe einschärfen? Du gibst zu, daß die durch die Sinne unmittelbar wahrgenommenen Dinge nirgends unabhängig vom Geist existieren; aber nichts wird durch die Sinne anders als unmittelbar wahrgenommen; deshalb gibt es nichts Sinnliches, das unabhängig vom Geist existiert. Die Materie also, auf der du noch bestehst, ist vermutlich ein Gedankending (something intelligible), etwas durch die Vernunft und nicht durch die Sinne Erkanntes.

Hyl.: Da hast du recht.

Phil.: Laß mich doch wissen, auf welchen Gründen dein Glaube an Materie beruht und was du gegenwärtig unter Materie verstehst.

Hyl.: Ich finde mich von mannigfaltigen Vorstellungen bewegt, von denen ich — wie ich weiß — nicht die Ursache bin; auch sind sie nicht die Ursachen ihrer selbst oder die eine von der anderen, noch können sie für sich existieren, da sie ganz und gar untätige, fließende, abhängige Wesen sind. Sie haben deshalb eine von mir und sich verschiedene Ursache; von dieser behaupte ich, nicht mehr zu wissen, als daß sie die *Ursache meiner Vorstellungen* ist. Und dies Ding, was es auch sei, nenne ich Materie.

Phil.: Sage mir, Hylas, darf sich jedermann die Freiheit nehmen, die landläufige eigentümliche Bedeutung, die sich mit einem gewöhnlichen Wort irgendeiner Sprache verbindet, zu ändern? Gesetzt, ein Reisender erzählte dir, daß in einem bestimmten Lande die Leute unbeschädigt durchs Feuer gehen; und wenn er sich näher erklärte, fändest du heraus, daß er unter dem Wort *Feuer* das verstünde, was andere *Wasser* nennen; oder, wenn er versicherte, es gäbe Bäume, die auf zwei Beinen wandeln, und er mit der Bezeichnung *Bäume* Menschen meinte; würdest du das für vernünftig halten?

Hyl.: Nein, ich würde es für höchst sinnlos halten. Der allgemeine Brauch ist die Regel für eine richtige Sprache. Wenn nun jemand absichtlich nicht richtig spricht, verfälscht er den Sprachgebrauch, und der Erfolg kann kein anderer sein als den Streit in die Länge zu ziehen und zu vermehren, wo eigentlich keine Meinungsverschiedenheit besteht.

Phil.: Und bezeichnet nicht *Materie* in der gewöhnlichen landläufigen Bedeutung des Wortes eine ausgedehnte, feste, bewegliche, ungeistige, untätige Substanz?

Hyl.: Jawohl.

Phil.: Ist nicht klar erwiesen worden, daß eine solche Sub- * stanz unmöglich existieren kann? Und selbst ihr Dasein zugegeben, wie kann denn das, was *untätig ist*, *Ursache* sein? oder das, was *ungeistig* ist, *Ursache des Denkens* sein? Du kannst allerdings, wenn du Lust hast, mit dem Wort *Materie* einen dem sonst üblichen Gebrauch entgegengesetzten Sinn verknüpfen und mir sagen, du verstündest darunter ein nicht ausgedehntes, geistiges, tätiges Wesen, das die Ursache unserer Vorstellungen ist. Was hieße das aber anders als ein Spiel mit Worten treiben und denselben Fehler machen, den du eben erst mit so gutem

Grunde verurteilt hast? Ich habe durchaus nichts an deinem Schluß auszusetzen, wenn du aus den Erscheinungen eine Ursache folgerst, aber ich bestreite, daß die Ursache, die man mit Hilfe der Vernunft ableiten kann, sinngemäß Materie benannt werden darf.

Hyl.: Tatsächlich ist etwas Wahres an dem, was du sagst. Aber ich fürchte, du verstehst nicht völlig, was ich meine. Unter keinen Umständen möchte ich in den Verdacht geraten, als leugnete ich, daß Gott oder ein unendliches Seelenwesen die oberste Ursache aller Dinge ist. Nur daran möchte ich festhalten, daß der obersten Kraft untergeordnet eine Ursache von begrenzter und geringerer Art existiert, die bei der Erzeugung unserer Vorstellungen mitwirkt, nicht durch einen Willensakt oder seelische Kräfte, sondern durch die Art der Tätigkeit, die der Materie eigen ist, d. h. durch Bewegung.

Phil.: Ich merke, du fällst bei jeder Gelegenheit zurück in deine alte und bereits widerlegte Auffassung von einer beweglichen und folglich ausgedehnten Substanz, die unabhängig vom Geist existiert. Hast du denn bereits vergessen, daß du überzeugt warst, oder willst du, daß ich dir alles, was in dieser Hinsicht gesagt wurde, wiederhole? Wirklich, das ist nicht recht von dir, immer noch das Dasein von etwas vorauszusetzen, dessen Nichtsein du so oft zugegeben hast. Doch um nicht länger bei dem zu verweilen, was so ausführlich erörtert worden ist, frage ich, ob nicht all deine Vorstellungen durchaus leidend und untätig sind und keinerlei Tätigkeit in sich schließen?

Hyl.: Gewiß.

Phil.: Sind nun sinnliche Qualitäten irgend etwas anderes als Vorstellungen?

Hyl.: Wie oft habe ich erklärt, daß sie es nicht sind.

Phil.: Aber ist nicht Bewegung eine sinnliche Qualität?

Hyl.: Allerdings.

Phil.: Folglich ist sie keine Tätigkeit.

Hyl.: Ich bin mit dir einverstanden. Es ist ja ganz klar, daß mein Finger sich leidend verhält, wenn ich ihn bewege; aber mein Wille, der die Bewegung hervorbringt, ist tätig.

Phil.: Da du zugibst, daß Bewegung keine Tätigkeit ist, möchte ich jetzt gern wissen, ob du dir eine andere Tätigkeit als das Wollen vorstellen kannst; und zweitens, ob man nicht Unsinn daherredet, wenn man etwas behauptet und sich nichts darunter vorstellen kann; schließlich, ob du in Anbetracht der Prämissen nicht bemerkst, daß es höchst sinnlos und unvernünftig ist, irgendeine andere wirksame oder tätige Ursache unserer Vorstellungen anzunehmen als ein *Seelenwesen*.

Hyl.: Ich gebe diese Ansicht völlig auf. Wenn aber auch 6
die Materie keine Ursache sein mag, warum kann sie nicht ein *Werkzeug* (instrument) sein, das der höchsten Kraft bei der Erzeugung unserer Vorstellungen dienlich ist?

Phil.: Ein Werkzeug, sagst du; was mögen wohl die Gestalt, die Federn, Räder und Bewegungen dieses Werkzeuges sein?

Hyl.: Ich maße mir nicht an, darüber etwas zu bestimmen; denn die Substanz wie ihre Qualitäten sind mir völlig unbekannt.

Phil.: Wie? Du meinst also, es besteht aus unbekannten Teilen, es hat unbekannte Bewegungen und eine unbekannte Gestalt?

Hyl.: Ich glaube nicht, daß es überhaupt Gestalt oder Bewegung besitzt, da ich bereits überzeugt bin, daß keine sinnlichen Qualitäten in einer nicht wahrnehmenden Substanz existieren können.

Phil.: Aber was für einen Begriff kann man sich möglicherweise von einem Werkzeug bilden, das ohne alle sinnlichen Qualitäten, ja selbst ohne Ausdehnung ist?

Hyl.: Ich behaupte nicht, irgendeinen Begriff davon zu haben.

Phil.: Und welchen Grund hast du für die Annahme, daß dieses unbekannte, unbegreifliche Etwas existiert? Weil du vielleicht meinst, Gott könne nicht ebensogut ohne dasselbe wirken? Oder weil du durch Erfahrung den Gebrauch von solch einem Dinge entdeckst, wenn du Vorstellungen in deinem eigenen Geist bildest?

Hyl.: Du plagst mich immer wegen der Gründe für meinen Glauben — was hast denn du für Gründe, es nicht zu glauben?

Phil.: Es genügt mir vollauf, nicht an das Dasein von etwas zu glauben, wenn ich keinen Grund sehe, an dasselbe zu glauben. Doch wenn ich selbst auf den Gründen für den Glauben nicht bestehe, so kann ich nicht einmal von dir erfahren, was das eigentlich ist, das ich glauben soll; denn du sagst, du habest keinerlei Begriff davon. Schließlich überlege doch bitte, ob es einem Philosophen, ja nur einem Menschen von gesundem Verstande ansteht, zu behaupten, er glaube und wisse nicht was und warum.

Hyl.: Halt, Philonous. Wenn ich dir sage, die Materie sei ein Werkzeug, so heißt das nicht, daß ich damit überhaupt nichts meine. Es ist wahr, ich kenne nicht die besondere Art des Werkzeuges; aber immerhin habe ich einen Begriff von einem Werkzeug im allgemeinen, den ich darauf anwende.

Phil.: Doch wie, wenn bewiesen würde, daß selbst in dem allgemeinsten Begriffe von Werkzeug, in einem von Ursache unterschiedenen Sinn genommen, etwas enthalten ist, das den Gebrauch desselben mit den göttlichen Attributen unvereinbar macht?

Hyl.: Zeige mir das, und ich werde diese Ansicht aufgeben.

Phil.: Was verstehst du unter der allgemeinen Natur oder dem Begriff eines Werkzeuges?

Hyl.: Das allen besonderen Werkzeugen Gemeinsame bildet den allgemeinen Begriff.

Phil.: Ist es nicht allen Werkzeugen gemeinsam, daß sie nur angewendet werden, um solche Dinge auszuführen, die nicht durch einen bloßen Akt unseres Willens vollbracht werden können. So gebrauche ich z. B. nie ein Werkzeug zum Bewegen meines Fingers, weil dies durch eine Willensregung (volition) geschieht. Aber ich würde eines gebrauchen, um ein Felsstück fortzubewegen oder einen Baum mit den Wurzeln auszureißen. Bist du derselben Ansicht? Oder kannst du ein Beispiel aufzeigen, wo ein Werkzeug zur Hervorbringung einer Wirkung verwandt wird, die unmittelbar vom Willen der wirkenden Kraft abhängt?

Hyl.: Das kann ich freilich nicht.

Phil.: Wie kannst du also annehmen, daß ein allvollkommenes Wesen, von dessen Willen alle Dinge vollständig und unmittelbar abhängen, in seinem Wirken eines Werkzeuges bedürfe, oder es, ohne dessen zu bedürfen, gebrauche? Deshalb scheint es mir, bist du zu dem Zugeständnis gezwungen, daß der Gebrauch eines leblosen und untätigen Werkzeuges mit der unendlichen Vollkommenheit Gottes unvereinbar ist, d. h. du mußt nach deiner eigenen Erklärung deine Ansicht aufgeben.

Hyl.: Darauf habe ich keine Antwort bereit.

Phil.: Mir scheint aber, du solltest bereit sein, die Wahrheit einzugestehen, wenn sie dir ehrlich bewiesen worden ist. Wir freilich, als Wesen von endlicher Macht, sind zum Gebrauch von Werkzeugen gezwungen. Und der Gebrauch eines Werkzeuges zeigt, daß die wirkende Kraft durch Regeln, die von einem anderen vorgeschrieben sind, eingeschränkt ist, und daß sie ihren Zweck nur auf diese Weise und unter solchen Bedingungen erreichen kann. Hieraus scheint klar hervorzugehen, daß die oberste, uneingeschränkte Kraft

überhaupt kein Hilfsmittel oder Werkzeug benutzt. Sobald
der Wille eines allmächtigen Wesens sich regt, ist er auch
schon ausgeführt, ohne jede Anwendung von Mitteln; wer-
* den solche von untergeordneten Kräften angewandt, so ge-
schieht es nicht wegen einer tatsächlichen Wirksamkeit in
ihnen noch der notwendigen Fähigkeit, eine Wirkung her-
vorzubringen, sondern bloß infolge der Naturgesetze oder
der durch die erste Ursache vorgeschriebenen Bedingungen,
welche Ursache selbst über alle Einschränkungen und Vor-
schriften jeglicher Art erhaben ist.

7 Hyl.: Ich will nicht länger behaupten, daß die Materie
ein Werkzeug sei. Doch möchte ich auch nicht so verstanden
sein, als gäbe ich ihr Dasein auf; denn trotz des Gesagten
* kann sie immer noch eine *Veranlassung* (occasion) sein.

Phil.: Wie viele Gestalten soll deine Materie annehmen? Oder wie oft muß ich ihr Nichtsein beweisen, bevor du dich entschließt, diese Auffassung aufzugeben? Aber dies beiseite (obgleich ich dich nach allen Regeln eines Streitgesprächs mit Recht wegen des so häufigen Bedeutungswechsels des grundlegenden Ausdrucks tadeln könnte); ich möchte nun gern wissen, was du mit der Behauptung meinst, daß Materie eine Veranlassung ist, nachdem du bereits verneint hast, daß sie eine Ursache sei. Wenn du ferner gezeigt hast, in welchem Sinn du *Veranlassung* verstehst, dann zeige mir bitte, welcher Grund dich zu dem Glauben führt, daß eine solche Veranlassung für unsere Vorstellungen besteht?

Hyl.: Was den ersten Punkt betrifft, so verstehe ich unter *Veranlassung* ein untätiges, ungeistiges Wesen, bei dessen Gegenwart Gott Vorstellungen in unserem Geist erweckt.

Phil.: Und was mag wohl die Natur dieses untätigen, ungeistigen Wesens sein?

Hyl.: Von seiner Natur weiß ich nichts.

Phil.: Gehe nun zum zweiten Punkt über und gib irgendeinen Grund an, weshalb wir diesem untätigen, ungeistigen, unbekannten Ding ein Dasein zugestehen sollten.

Hyl.: Wenn wir in unserem Geist Vorstellungen in einer regelrechten und beständigen Art hervorgebracht sehen, so ist der Gedanke natürlich, daß sie feststehende und regelmäßige Veranlassungen haben, durch die sie erweckt werden.

Phil.: Du anerkennst also Gott allein als Ursache unserer Vorstellungen und daß er sie bei Gegenwart jener Veranlassungen bewirkt.

Hyl.: Ja, das ist meine Meinung.

Phil.: Und Gott nimmt zweifellos jene Dinge wahr, die ihm, wie du sagst, gegenwärtig sind?

Hyl.: Gewiß; sonst könnten sie ihm nicht eine Gelegenheit zum Handeln sein.

Phil.: Bestehen wir jetzt nicht darauf, daß du von dieser Hypothese eine sinnvolle Erklärung gibst oder all die verwirrenden Fragen und Schwierigkeiten beantwortest, denen sie ausgesetzt ist; ich frage nur, ob die Ordnung und Regelmäßigkeit, die sich in den Reihen unserer Vorstellungen oder dem Laufe der Natur beobachten läßt, nicht genügend durch die Weisheit und Macht Gottes gerechtfertigt wird; und ob nicht diesen Attributen Abbruch getan wird durch die Annahme, er sei durch eine ungeistige Substanz beeinflußt, geleitet oder erinnert, wann und was er zu wirken habe. Und endlich, falls ich dir alles Geforderte zugäbe, ob dies deiner Absicht irgendwie nützt —; denn es ist nicht leicht zu begreifen, wie das äußere und absolute Dasein einer ungeistigen Substanz, verschieden von ihrem Wahrgenommenwerden, aus meinem Zugeständnis erschlossen werden kann, daß es gewisse Dinge gibt, die der Geist Gottes wahrnimmt und die für ihn die Gelegenheit sind, in uns Vorstellungen hervorzubringen.

Hyl.: Ich bin in großer Verlegenheit, was ich nun für richtig halten soll, denn dieser Begriff der Veranlassung scheint nun ebenso unbegründet wie alle übrigen.

Phil.: Merkst du nicht endlich, daß du bei all diesen verschiedenen Bedeutungen von Materie gar nicht weißt, was du angenommen hast und keinerlei Begründung dafür geben konntest noch irgendwelchen Nutzen davon gehabt hast?

8 Hyl.: Ich bin, wie ich offen zugebe, für meine Begriffe weniger eingenommen, seitdem sie so genau geprüft worden sind. Aber, wie mir scheint, habe ich auch jetzt noch immer eine verworrene Vorstellung, daß es so etwas wie Materie gibt.

Phil.: Entweder du nimmst das Dasein der Materie unmittelbar wahr oder mittelbar. Wenn unmittelbar, so erkläre mir bitte, durch welchen deiner Sinne du es wahrnimmst. Wenn mittelbar, so teile mir mit, durch was für einen Grund es aus jenen Dingen, die du unmittelbar wahrnimmst, geschlossen wird. Soviel über die Wahrnehmung. — Was dann die Materie selbst betrifft, so frage ich, ob sie Gegenstand, Substrat, Ursache, Werkzeug oder Veranlassung ist? Du hast bereits jedes von ihnen verteidigt, indem du deine Begriffe verschobst und die Materie bald in dieser, bald in jener Gestalt erscheinen ließest. Und was du vorgebracht hast, ist von dir selbst verworfen und zurückgewiesen worden. Hast du irgend etwas Neues vorzubringen, so würde ich es mit Freude hören.

Hyl.: Ich glaube, ich habe bereits alles vorgebracht, was ich über diese Fragen zu sagen hatte. Ich wüßte nichts mehr, was ich geltend machen könnte.

Phil.: Und doch fällt es dir schwer, dein altes Vorurteil aufzugeben. Um dir dies leichter zu machen, bitte ich dich, noch außer dem, was ich bis jetzt angeführt habe, zu erwägen, ob du dir, wenn du das Dasein der Materie annimmst, eine mögliche Vorstellung machen kannst, wie du durch sie bewegt werden solltest? Oder aber ob du, angenommen, sie existierte nicht, dessenungeachtet nicht auch von denselben Vorstellungen wie jetzt affiziert werden könntest und folglich genau die gleichen Gründe, die du jetzt haben kannst, für den Glauben an ihr Dasein hättest.

Hyl.: Ich erkenne die Möglichkeit an, daß wir alle Dinge genauso wie jetzt wahrnehmen könnten, auch wenn keine Materie in der Welt existierte; ebensowenig kann ich begreifen, wie die Materie, wenn sie existierte, irgendeine Vorstellung in unserem Geist hervorbringen sollte. Weiterhin gebe ich zu, daß du mich völlig von der Unmöglichkeit überzeugt hast, daß es so etwas wie Materie in irgendeiner der vorhergehenden Bedeutungen geben könne. Und doch kann ich von der Annahme nicht abgehen, daß *Materie* in einem oder dem anderen Sinne existiert. In welchem, wage ich allerdings nicht zu bestimmen.

Phil.: Ich erwarte nicht von dir, daß du die Natur dieses unbekannten Wesens genau erklären sollst. Nur sage mir bitte, ob es eine Substanz ist — und ist dem so, ob du eine Substanz ohne Akzidenzien annehmen kannst; wenn du aber Akzidenzien oder Qualitäten an ihr annimmst, so bitte ich dich, mich wissen zu lassen, was jene Qualitäten sind, wenigstens was damit gemeint ist: die Materie trage dieselben?

Hyl.: Über diese Fragen haben wir uns bereits geeinigt. 9
Ich habe da nichts mehr hinzuzufügen. Aber, um weiteren Fragen vorzubeugen, vernimm, daß ich gegenwärtig unter *Materie* weder Substanz noch Akzidenz, weder geistiges noch ausgedehntes Wesen, weder Ursache, Werkzeug noch Veranlassung, sondern etwas gänzlich Unerkanntes, von all diesem Verschiedenes verstehe. *

Phil.: Es scheint demnach, du verstehst unter diesem gegenwärtigen Begriff von Materie nur die allgemeine abstrakte Vorstellung des *Wesens* (entity).

Hyl.: Nichts anderes, außer daß ich noch zu dieser allgemeinen Vorstellung die Verneinung all jener besonderen Dinge, Qualitäten oder Vorstellungen hinzufüge, die ich wahrnehme, mir einbilde oder in irgendeiner Art auffasse.

Phil.: Wo soll denn nach deiner Annahme diese unerkannte Materie existieren?

Hyl.: O Philonous! nun glaubst du mich in der Schlinge zu haben; denn wenn ich behaupte, sie existiere an einem Orte, dann wirst du folgern, daß sie im Geist existiert; denn es steht fest, daß Ort oder Ausdehnung nur im Geist existiert; aber ich schäme mich nicht, meine Unwissenheit zu bekennen. Ich weiß nicht, wo sie existiert; nur bin ich sicher, sie existiert an keinem Orte. Da hast du eine verneinende Antwort. Und erwarte keine andere auf alle Fragen, die du künftig über die Materie stellst.

Phil.: Da du mir nicht sagen willst, wo sie existiert, erkläre mir bitte, wie sie nach deiner Annahme existiert oder was du mit ihrem D a s e i n meinst?

Hyl.: Weder denkt sie, noch wirkt sie, nimmt weder wahr, noch wird sie wahrgenommen.

Phil.: Aber was ist dann Positives in deinem abstrakten Begriff ihres Daseins vorhanden?

Hyl.: Bei genauer Beobachtung entdecke ich in mir keinerlei positiven Begriff oder Sinn davon. Ich wiederhole dir, ich schäme mich des Bekenntnisses meiner Unwissenheit. Ich weiß nicht, was unter ihrem D a s e i n zu verstehen ist, noch wie sie existiert.

Phil.: Fahre nur so aufrichtig fort, lieber Hylas, und sage mir offen, ob du dir eine bestimmte Vorstellung des Wesens im allgemeinen bilden kannst, abgesondert und ausgeschlossen von allen geistigen und körperlichen Wesen und den einzelnen Dingen aller Art.

Hyl.: Halt, laß mich ein wenig nachdenken — ich muß gestehen, Philonous, ich sehe, daß ich es nicht kann. Auf den ersten Blick schien es mir, ich hätte einen schwachen, flüchtigen Begriff des reinen abstrakten Wesens; aber bei näherem Zusehen ist es ganz meinem Vorstellungsvermögen entschwunden. Je mehr ich darüber nachdenke, um so mehr werde ich in meinem vorsichtigen Entschluß bestärkt, nur verneinende Antworten zu geben und mir nicht im entferntesten eine positive Erkenntnis oder Auffassung von Materie, ihrem *Wo*, ihrem *Wie*, ihres *Wesens* oder irgend etwas Dazugehörigem anzumaßen.

Phil.: Wenn du also vom Dasein der Materie sprichst, hast du keinerlei Begriff in deinem Geist?

Hyl.: Gar keinen.

Phil.: Sage mir doch, steht die Sache nicht so: Zuerst aus einem Glauben an eine materielle Substanz wolltest du, daß die unmittelbaren Gegenstände unabhängig vom Geist existierten, dann, daß sie Urbilder seien, dann Ursachen, danach Werkzeuge, dann Gelegenheiten, schließlich *Etwas im allgemeinen*, das, wenn man es nicht erklärt, *Nichts* bedeutet. So kommt Materie auf Nichts hinaus. Was meinst * du, Hylas, ist dies nicht der wirkliche Inhalt deines ganzen Verfahrens?

Hyl.: Wie dem auch sei, ich bestehe doch noch darauf, daß unsere mangelnde Fähigkeit Etwas aufzufassen, kein Beweis gegen dessen Dasein ist.

Phil.: Ich gebe gern zu, daß man aus einer Ursache, Wirkung, einem Vorgang, Anzeichen oder anderen Umstande vernünftigerweise auf das Dasein eines nicht unmittelbar wahrgenommenen Dinges schließen kann und daß es sinnlos wäre, wollte jemand seine Einwände gegen das Dasein dieses Dinges daraus, daß kein unmittelbarer und positiver Begriff davon da ist, herleiten. Wo aber nichts von alledem besteht, wo weder Vernunft noch Offenbarung uns dahin führen, an das Dasein eines Dinges zu glauben, wo wir nicht einmal einen Beziehungsbegriff (a relative notion) davon besitzen, wo abgesehen worden ist von Wahrnehmen und Wahrgenommenwerden, von Seele und Vorstellung, endlich, wo nicht einmal auf die unvollkommenste und schwächste Vorstellung Anspruch erhoben wird — da will ich allerdings daraus nicht gegen die Wirklichkeit eines Begriffes oder das Dasein von etwas schließen, wohl aber den Schluß ziehen, daß du überhaupt gar nichts meinst, daß du leere Worte ohne jeden Zweck und Sinn gebrauchst. Und ich überlasse es dir zu erwägen, wie bloßes Geschwätz behandelt werden muß.

Hyl.: Die Wahrheit zu sagen, Philonous, so scheinen deine Gründe an sich unwiderlegbar; aber ihre Wirkung auf mich ist nicht so groß, daß sie jene völlige Überzeugung hervorruft, jene beruhigende, von Herzen kommende Zustimmung, * die sonst einen Beweis begleitet. Ich sehe mich immer noch in eine dunkle Vermutung zurückfallen, von ich weiß nicht was — *Materie*.

Phil.: Begreifst du denn nicht, Hylas, daß zwei Dinge zusammenkommen müssen, um alle Bedenken zu beseitigen und ein völliges Einverständnis im Geist zu bewirken? Setze einen sichtbaren Gegenstand in noch so helles Licht, so wird er dennoch nicht deutlich gesehen werden, wenn eine Unvollkommenheit im Sehen besteht oder das Auge nicht auf ihn gerichtet ist. Und kann man erwarten, daß der Verstand plötzlich die Wahrheit eines denkbar gut begründeten und sachgemäß vorgebrachten Beweises erfasse und festhalte, wenn ihm der Makel eines Vorurteils oder falscher Parteilichkeit anhaftet? Nein, da braucht es Zeit und Mühe; die Aufmerksamkeit muß durch häufige Wiederholung derselben Sache, die man oft in gleiche, oft in verschiedene Beleuchtung setzt, erweckt und festgehalten werden. Ich habe es schon gesagt und sehe, ich muß es dir nochmals wiederholen und einschärfen, daß du dir eine unverantwortliche Freiheit herausnimmst, wenn du dir anmaßt, etwas aufrechtzuerhalten, ohne zu wissen was, warum und wozu. Kannst du hierzu irgendwo in Kunst und Wissenschaft, in einer Sekte oder Zunft der Menschen eine Parallele finden? Oder trifft man auf etwas so offen Unbegründetes und Unvernünftiges selbst in den niedersten Formen des gewöhnlichen Verkehrs? Aber vielleicht wirst du sagen, es könnte Materie geben, wenn du auch zugleich nicht weißt, was unter *Materie*, noch was unter *Dasein* verstanden wird. Dies ist allerdings überraschend und es ist es um so mehr, als du ganz und gar freiwillig*) und ohne jeden Grund zu dieser Annahme kommst; denn ich fordere dich heraus, mir das Ding in der Natur zu zeigen, das zu seiner Erklärung oder Rechtfertigung der Materie bedürfte.

Hyl.: Die Wirklichkeit der Dinge kann nicht aufrechterhalten werden, ohne das Dasein der Materie anzunehmen. Und ist das nicht ein guter Beweis dafür, daß ich es mit ihrer Verteidigung ernst nehme?

Phil.: Die Wirklichkeit der Dinge! Welcher Dinge, sinnlicher oder geistiger?

Hyl.: Sinnliche Dinge meine ich.

Phil.: Meinen Handschuh zum Beispiel?

Hyl.: Den oder irgendein anderes durch die Sinne wahrgenommenes Ding.

Phil.: Halten wir uns doch an ein bestimmtes Ding. Ist es mir nicht ein genügender Beweis für das Dasein dieses *Handschuhs*, daß ich ihn sehe, ihn fühle und trage? Oder wie ist es möglich, wenn dies nicht ausreicht, daß ich der Wirklichkeit dieses Dinges, das ich tatsächlich an dieser Stelle sehe, versichert werde, indem ich annehme, daß irgendein unbekanntes Ding, das ich nie sah oder sehen kann, in einer unbekannten Art, an unbekanntem Ort oder an gar keinem Ort existiert? Wie kann die angenommene Wirklichkeit von etwas, das nicht betastet, nicht gesehen oder ganz allgemein nicht wahrgenommen werden kann, dafür ein Beweis

*) [aus deinem eignen Kopf entsprungen], der Ausdruck in Klammern fehlt in der dritten Auflage.

sein, daß etwas Tastbares, ein sichtbares Ding oder überhaupt etwas Wahrnehmbares wirklich existiert? Erkläre mir bloß dies, und ich werde dir alles zutrauen.

11 Hyl.: Im ganzen bleibe ich bei meinem Zugeständnis, daß das Dasein der Materie höchst unwahrscheinlich ist; aber gerade die vollständige Unmöglichkeit dessen sehe ich nicht ein.

Phil.: Wenn wir auch zugestehen, Materie sei möglich, so kann sie einzig und allein daraufhin nicht mehr Anspruch auf Dasein haben als ein goldener Berg oder ein Zentaur.

Hyl.: Das erkenne ich an; aber dennoch leugnest du nicht die Möglichkeit; und das, was möglich ist, kann, soviel du weißt, wirklich existieren.

Phil.: Ich bestreite diese Möglichkeit und habe, wenn ich nicht irre, aus deinen eigenen Zugeständnissen bewiesen, daß sie nicht existiert. Versteht man unter dem Wort Materie im gewöhnlichen Sinn etwas anderes als eine ausgedehnte, dichte, gestaltete, bewegliche Substanz, die unabhängig vom Geist existiert? Und hast du nicht wieder und wieder eingestanden, daß dir der Grund einleuchtete, weshalb die Möglichkeit einer solchen Substanz zu leugnen ist?

Hyl.: Richtig, aber das ist nur *ein* Sinn des Ausdrucks *Materie*.

Phil.: Aber ist es nicht der einzig geeignete, echte und anerkannte Sinn? Und darf man, wenn die Unmöglichkeit der Materie in solchem Sinn erwiesen ist, nicht mit gutem Grund dann annehmen, sie sei überhaupt unmöglich? Wie kann die Unmöglichkeit von etwas sonst bewiesen werden? Oder wie kann tatsächlich überhaupt etwas so oder so einem Menschen bewiesen werden, der sich die Freiheit nimmt, die gewöhnliche Bedeutung der Worte ins Schwanken zu bringen und abzuändern?

Hyl.: Philosophen, dachte ich, sollten sich genauer ausdrücken als das Volk und wären nicht immer an die gewöhnliche Bedeutung eines Ausdrucks gebunden.

Phil.: Aber der eben erwähnte Sinn ist der selbst unter Philosophen gewöhnlich anerkannte. Doch will ich hierauf nicht bestehen; war es dir aber nicht erlaubt, Materie in jedem beliebigen Sinn zu nehmen? Und hast du nicht von diesem Vorrecht bis zum äußersten Gebrauch gemacht und bald die Bedeutung des Wortes völlig gewechselt, bald ausgelassen oder eingeschoben, was im Augenblick deiner Absicht am besten diente, im Gegensatz zu allen bekannten Regeln der Vernunft und Logik? Und hat nicht eben dieses schwankende, unbillige Verfahren unseren Streit unnötig verlängert? Wurde nicht die Materie nach jeder dieser Bedeutungen im einzelnen geprüft und durch dein eigenes Zugeständnis widerlegt? Kann man denn mehr verlangen, um die völlige Unmöglichkeit eines Dinges zu beweisen, als daß man in jedem einzelnen Sinn, in dem du oder sonst jemand es versteht, seine Unmöglichkeit beweist?

Hyl.: Ich bin doch nicht so völlig überzeugt, daß du die Unmöglichkeit der Materie in dem letzten, dunkelsten, abstraktesten und unbestimmtesten Sinne bewiesen hast.

Phil.: Wann hat man die Unmöglichkeit eines Dinges gezeigt?

Hyl.: Wenn ein Widerspruch zwischen den in seiner Definition zusammengefaßten Begriffen (ideas) nachgewiesen ist.

Phil.: Wo aber keine Vorstellungen sind, kann kein Widerspruch zwischen Vorstellungen nachgewiesen werden?

Hyl.: Einverstanden.

Phil.: Nun ist nach deinem eigenen Zugeständnis klar, daß in dem, was du den dunklen unbestimmten Sinn des Wortes Materie nennst, überhaupt keine Vorstellung enthalten war, kein Sinn außer einem unbekannten Sinn, der so gut wie gar keiner ist. Du darfst deshalb nicht erwarten, daß ich einen Widerspruch zwischen Vorstellungen aufdecke, wo keine Vorstellungen sind, oder die Unmöglichkeit der Materie — in unbekanntem Sinn, d. h. in gar keinem genommen — beweise. Meine Aufgabe war nur zu zeigen, daß du nichts meintest; und du wurdest dahin gebracht, dies zuzugeben. So ist dir bei all deinen verschiedenen Bedeutungen gezeigt worden, daß du entweder überhaupt nichts, oder, wenn etwas, nur etwas Sinnloses gemeint hast. Und wenn dies nicht genügt, die Unmöglichkeit eines Dinges zu beweisen, so teile mir bitte mit, was sonst.

Hyl.: Ich erkenne an, daß du die Unmöglichkeit der Materie bewiesen hast, und wüßte auch nicht, was sich noch zu ihrer Verteidigung sagen ließe. Aber indem ich sie aufgebe, schöpfe ich zugleich gegenüber all meinen anderen Begriffen Verdacht. Denn sicher konnte keiner scheinbar deutlicher sein, als dieser einst war. Und so wahr er jemals vorher erschien, so falsch und sinnlos erscheint er jetzt. Doch ich denke, wir haben die Sache für heute genügend besprochen. Den Rest des Tages verbrächte ich gern damit, die verschiedenen Hauptpunkte dieses Morgengesprächs zu überdenken, und es wäre mir lieb, dich morgen um dieselbe Zeit hier wieder zu treffen.

Phil.: Ich werde dich bestimmt erwarten.

DRITTER DIALOG

Phil.: Nun, Hylas, was sind die Ergebnisse deiner gestri- 1
gen Betrachtungen? Haben sie dich in derselben Ansicht, die du beim Abschied hattest, bestärkt? Oder wurdest du seitdem veranlaßt, deine Meinung zu ändern?

Hyl.: Wahrlich, meine Auffassung ist, daß all unsere Meinungen in gleicher Weise eitel und ungewiß sind. Was wir heute billigen, verurteilen wir morgen. Wir machen viel Aufhebens von der Erkenntnis und verbringen unser Leben damit, ihr nachzuspüren, und erkennen doch leider die ganze Zeit gar nichts; auch halte ich es für unmöglich, daß wir jemals etwas in diesem Leben erkennen. Unsere Fähigkeiten sind zu beschränkt, und es sind ihrer zu wenig. Die Natur hat uns gewiß nicht zur Forschung (speculation) bestimmt.

Phil.: Wie? Du sagst, wir können nichts erkennen, Hylas?

Hyl.: Es gibt nicht ein einziges Ding in der Welt, dessen wirkliche Natur, oder was es an sich selbst ist, wir erkennen können.

Phil.: Willst du mir weismachen, ich erkenne nicht wirklich, was Feuer oder Wasser ist?

Hyl.: Du magst allerdings erkennen, daß Feuer heiß er- *
scheint und Wasser flüssig; aber das heißt nur erkennen, welche Empfindungen in deinem Geist hervorgerufen werden, wenn Feuer und Wasser mit deinen Sinnesorganen in Berührung kommen. Was ihre innere Verfassung, ihre wahre und wirkliche Natur anlangt, so bist du dir *darüber* völlig im Unklaren.

Phil.: Erkenne ich nicht, daß dies ein wirklicher Stein ist, auf dem ich stehe, und das, was ich vor meinen Augen sehe, ein wirklicher Baum?

Hyl.: *Erkennen*? Nein, es ist unmöglich, daß du oder irgendein lebender Mensch es erkennen sollte. Alles, was du erkennst, ist, daß du solch eine bestimmte Vorstellung oder Erscheinung in deinem eigenen Geiste hast. Aber was ist das gegen den wirklichen Stein oder Baum? Ich sage dir, Farbe, Gestalt, Härte, die du wahrnimmst, sind nicht die wirkliche * Natur der Dinge oder ihr im mindesten gleich. Dasselbe kann von allen übrigen wirklichen Dingen oder körperlichen Substanzen, aus denen sich die Welt zusammensetzt, gesagt werden. Keine von ihnen hat an sich irgend etwas jenen sinnlichen Qualitäten, wie wir sie wahrnehmen, Ähnliches. Wir sollten uns also nicht anmaßen, etwas über ihre eigene Natur zu behaupten oder zu erkennen.

Phil.: Aber sicherlich, Hylas, kann ich Gold z. B. von Eisen unterscheiden, und wie wäre dies möglich, wenn ich nicht erkennen würde, was jedes tatsächlich ist?

Hyl.: Glaube mir, Philonous, du kannst nur zwischen deinen eigenen Vorstellungen unterscheiden. Meinst du, daß diese Gelbheit, dieses Gewicht und andere sinnliche Qualitäten wirklich im Golde sind? Sie existieren nur in Beziehung auf die Sinne und haben kein absolutes Dasein in der Natur. Und unternimmst du es, die Gattungen wirklicher Dinge nach den Erscheinungen in deinem Geist zu unterscheiden, so handelst du vielleicht so klug wie einer, der schließen würde, zwei Menschen wären von verschiedenem Geschlecht, weil ihre Kleider nicht von gleicher Farbe wären.

Phil.: Es scheint demnach, daß wir ganz und gar mit den Erscheinungen der Dinge, die zudem noch falsch sind, vorlieb nehmen müssen. Selbst das Fleisch, das ich esse, das Kleid, das ich trage, haben nichts in sich, das dem, was ich sehe und fühle, gleich wäre.

Hyl.: So ist es.

Phil.: Aber ist es nicht seltsam, daß die ganze Welt so betrogen sein sollte und so närrisch, ihren Sinnen zu glauben? Und doch, ich weiß nicht, wie es kommt, die Menschen essen, trinken und schlafen, und vollbringen alle Verrichtungen des Lebens so behaglich und bequem, als ob sie wirklich die Dinge kennen würden, mit denen sie umgehen.

Hyl.: Das tun sie; aber du weißt ja, das praktische Leben verlangt keine Schärfe der spekulativen Erkenntnis. Daher behält die Menge ihre Irrtümer bei und weiß sich trotz alledem in der Praxis des Alltags zurechtzufinden. Philosophen * hingegen wissen es besser.

Phil.: Du meinst, sie wissen, daß sie *nichts wissen*.

Hyl.: Das ist der Gipfel und die Vollendung der menschlichen Erkenntnis.

Phil.: Meinst du dies denn alles im Ernst, Hylas? Bist du wahrhaftig davon überzeugt, daß du nichts Wirkliches in der Welt erkennst? Angenommen, du wolltest schreiben, würdest du nicht Feder, Tinte und Papier fordern wie ein anderer auch, und weißt du nicht, was du forderst?

Hyl.: Wie oft muß ich dir sagen, daß ich die wirkliche Natur von keinem Ding im Weltall erkenne? Ich gebrauche allerdings gelegentlich Feder, Tinte und Papier. Aber ich erkläre mit Bestimmtheit, daß ich gar nichts weiß über die eigene wahre Natur irgendeines dieser Dinge. Und das gleiche gilt für jedes andere körperliche Ding. Ja, mehr noch, wir sind nicht nur in Ungewißheit über die wahre und wirkliche Natur der Dinge, sondern auch selbst über ihr Dasein. Es kann nicht geleugnet werden, daß wir bestimmte Erscheinungen oder Vorstellungen wahrnehmen; aber hieraus kann man nicht schließen, daß Körper wirklich existieren. Ja, wenn ich es jetzt bedenke, so muß ich in Übereinstimmung mit meinen früheren Zugeständnissen weiterhin erklären, daß es unmöglich ein wirkliches körperliches Ding in der Natur geben kann.

Phil.: Du setzt mich in Erstaunen. Hat es jemals seltsamere und übertriebenere Ansichten gegeben als diejenigen, die du jetzt vertrittst, und bist du nicht offensichtlich in all diese Übertreibungen durch deinen Glauben an eine *materielle Substanz* hineingeraten? Dieser läßt dich jene unbekannten Naturen in allem erträumen. Er veranlaßt deine Unterscheidung zwischen der Wirklichkeit und den sinnlichen Erscheinungen der Dinge. Ihm verdankst du deine Unwissenheit über das, was jedermann sonst vollkommen kennt. Und dies ist nicht alles: Du bist nicht nur in Unwissenheit über die wahre Natur von allem, sondern du weißt auch nicht, ob irgend etwas wirklich existiert und ob es wahre Naturen überhaupt gibt; denn du sprichst deinen materiellen Wesen ein absolutes oder äußeres Dasein zu, und hierin besteht nach deiner Annahme ihre Wirklichkeit. Und da du am Ende anzuerkennen gezwungen bist, daß ein solches Dasein entweder einen offenen Widerspruch oder gar nichts bedeutet, so bist du folglich genötigt, deine eigene Hypothese von einer materiellen Substanz niederzureißen und mit Bestimmtheit das wirkliche Dasein jedes Teils des Weltalls zu bestreiten. Und so stürzt du in den denkbar tiefsten und kläglichsten *Skeptizismus*. Ist es nicht so, Hylas?

2 Hyl.: Ich muß dir zustimmen. Die *materielle Substanz* war nur eine Hypothese, und noch dazu eine falsche und grundlose. Ich will mich nicht länger mit ihrer Verteidigung aufhalten. Aber welche Hypothese du auch aufstellst, oder welche Anordnung der Dinge du an ihrer Stelle einführst, so werden sie — daran zweifle ich nicht — in allen Teilen ebenso falsch erscheinen; erlaube mir nur, dich darüber auszufragen, das heißt, gestatte, daß ich dir mit gleicher Münze zahle, und ich stehe dafür ein, daß du dann durch ebensoviel Wirrnisse und Widersprüche in den ganz gleichen Zustand von Skeptizismus gerätst, in dem ich mich gegenwärtig befinde.

Phil.: Ich versichere dir, Hylas, ich erhebe überhaupt keinen Anspruch darauf, eine Hypothese aufzustellen; ich bin aus gewöhnlichem Holz geschnitzt, einfältig genug, meinen Sinnen zu glauben und die Dinge zu lassen, wie ich sie finde. Um deutlich zu sein, es ist meine Meinung, daß die wirklichen Dinge eben jene Dinge sind, die ich sehe und fühle und durch meine Sinne wahrnehme. Diese kenne ich, und da ich sehe, daß sie allen Bedürfnissen und Zwecken des Lebens genügen, habe ich keinen Grund, mich irgendwie um andere unbekannte Wesen zu bemühen. Ein Stück sinnliches Brot zum Beispiel würde meinen Hunger besser stillen als zehntausendmal soviel von jenem unsinnlichen, unverständlichen, wirklichen Brot, von dem du redest. Es ist gleicherweise meine Meinung, daß Farben und andere sinnliche Qualitäten an den Gegenständen sind. Ich kann für mein Leben nicht von dem Glauben lassen, daß Schnee weiß und Feuer heiß ist. Du allerdings, der du unter S c h n e e und F e u e r gewisse äußere unwahrgenommene und nicht wahrnehmende Substanzen verstehst, hast recht zu bestreiten, daß die Weiße oder Hitze ihnen inhärente Akzidenzien seien. Ich aber, der ich mit diesen Worten diejenigen Dinge meine, die ich sehe und fühle, bin gezwungen, wie andere Leute auch zu denken. Ebenso wie ich kein Zweifler bin in Hinsicht auf die Natur der Dinge, bin ich es auch nicht, was ihr Dasein anlangt. Daß ein Ding wirklich durch meine Sinne wahrgenommen werden und zu gleicher Zeit nicht wirklich da sein sollte, ist für mich ein offener Widerspruch; denn ich kann, selbst in Gedanken, das Dasein eines sinnlichen Dinges von seinem Wahrgenommenwerden nicht abtrennen noch absondern. Holz, Steine, Feuer, Wasser, Fleisch, Eisen und ähnliche Dinge, die ich nenne und von denen ich spreche, sind mir bekannte Dinge. Und ich hätte sie nicht kennengelernt, hätte *
ich sie nicht durch meine Sinne wahrgenommen. Durch die Sinne wahrgenommene Dinge werden unmittelbar wahr-

genommen; unmittelbar wahrgenommene Dinge sind Vorstellungen; Vorstellungen können nicht unabhängig vom Geist da sein; ihr Dasein besteht demnach im Wahrgenommenwerden; wenn sie also tatsächlich wahrgenommen worden sind, kann man an ihrem Dasein nicht zweifeln. Fort denn mit all diesem Skeptizismus, all jenen lächerlichen philosophischen Zweifeln. Welche Posse ist es doch, wenn ein Philosoph das Dasein der sinnlichen Dinge in Zweifel zieht,
* bis es ihm aus der Wahrhaftigkeit Gottes bewiesen wird; oder wenn er vorgibt, unsere Erkenntnis bleibe in dieser Frage hinter Intuition oder Beweis (demonstration) zurück. Ich könnte ebensogut an meinem eigenen Sein zweifeln, wie an dem jener Dinge, die ich tatsächlich sehe und fühle.

3 Hyl.: Nicht so schnell, Philonous; du sagst, du könntest nicht begreifen, wie sinnliche Dinge unabhängig vom Geist existieren sollten, nicht wahr?

Phil.: Jawohl.

Hyl.: Nimm an, du würdest vernichtet; kannst du die Möglichkeit nicht begreifen, daß durch die Sinne wahrnehmbare Dinge noch weiter existieren?

Phil.: Allerdings; dann muß ich aber in einem anderen Geist sein. Wenn ich sinnlichen Dingen ein Dasein außerhalb des Geistes abspreche, meine ich nicht meinen besonderen Geist, sondern alle Geister. Nun ist es klar, daß die Dinge ein Dasein außerhalb meines Geistes führen; finde ich doch durch Erfahrung, daß sie unabhängig von ihm sind. Es gibt demnach einen anderen Geist, in dem sie in den Zeiten existieren, die zwischen meinen Wahrnehmungen von ihnen liegen, wie sie es gleichermaßen vor meiner Geburt taten und nach meiner angenommenen Vernichtung tun würden. Und da dasselbe für alle endlichen geschaffenen Seelenwesen zutrifft, so folgt daraus notwendig das Dasein eines *allgegenwärtigen ewigen Geistes*, der alle Dinge kennt und begreift und sie unserer Auffassung auf solche Weise und nach solchen Regeln darbietet, die er selbst bestimmt hat und die wir *Naturgesetze* nennen.

Hyl.: Sag mir, Philonous, sind alle unsere Vorstellungen 4
vollständig untätige Wesen oder ist in ihnen irgendwelche
Wirkungskraft enthalten? *

Phil.: Sie sind ganz und gar leidend und untätig.

Hyl.: Und ist nicht Gott eine wirkende Kraft, ein rein *
tätiges Wesen?

Phil.: Das gebe ich zu.

Hyl.: Keine Vorstellung kann demnach der Natur Gottes gleichen oder dieselbe darstellen.

Phil.: Allerdings nicht.

Hyl.: Wie kannst du, da du also keine Vorstellung von dem Geist Gottes hast, die Möglichkeit begreifen, daß Dinge in seinem Geist existieren sollten? Und warum sollte ich nicht das Dasein der Materie begreifen, obgleich ich keine Vorstellung von ihr habe, wenn du den Geist Gottes begreifen kannst, ohne eine Vorstellung von ihm zu haben?

Phil.: Auf deine erste Frage gebe ich zu, daß ich eigentlich keine *Vorstellung* weder von Gott noch von einem anderen Seelenwesen habe; denn da sie tätig sind, können sie nicht durch vollkommen untätige Dinge wie unsere Vor-
stellungen wiedergegeben werden. Dennoch weiß ich, daß *
ich, der ich ein Seelenwesen oder eine geistige Substanz bin, so gewiß existiere, wie ich weiß, daß meine Vorstellungen existieren. Weiter weiß ich, was ich unter den Ausdrücken *Ich* und *Selbst* verstehe; ich weiß dies unmittelbar oder durch Eingebung (intuitively), obgleich ich sie nicht so wahrnehme wie ein Dreieck, eine Farbe oder einen Ton. Der Geist, das Seelenwesen oder die Seele ist jenes unteilbare, unausgedehnte Etwas, das denkt, handelt und wahrnimmt. Ich sage *unteilbar*, weil unausgedehnt; und *unausgedehnt*

weil ausgedehnte, gestaltete, bewegliche Dinge Vorstellungen sind und das, was Vorstellungen wahrnimmt, denkt und will, ist natürlich selbst keine Vorstellung noch einer Vorstellung ähnlich. Vorstellungen sind untätige und wahrgenommene Dinge, und Seelenwesen eine Art gänzlich davon verschiedener Wesen. Deshalb sage ich nicht, meine Seele sei eine Vorstellung oder einer Vorstellung ähnlich. Immerhin, wenn wir das Wort V o r s t e l l u n g in weitem Sinne gebrauchen, kann man sagen, meine Seele liefere mir eine Vorstellung, d. h. ein Bild oder Gleichnis Gottes — wenn auch freilich äußerst unzureichend. Denn der ganze Begriff, den ich von Gott habe, wird gewonnen durch Betrachtung meiner eigenen Seele (by reflecting on my own soul), deren Kräfte * ich erhöhe und deren Unvollkommenheiten ich ausscheide. Darum habe ich, wenn auch nicht eine untätige Vorstellung, so doch in m i r s e l b s t eine Art von tätigem, geistigem Abbild der Gottheit. Und nehme ich Gott auch nicht durch die Sinne wahr, so habe ich doch einen Begriff von ihm oder erkenne ihn durch Selbstwahrnehmung (reflection) und vernünftiges Nachdenken. Von meinem eigenen Geist und meinen eigenen Vorstellungen habe ich eine unmittelbare Kenntnis, und mit ihrer Hilfe fasse ich mittelbar die Möglichkeit des Daseins anderer Seelenwesen und Vorstellungen auf. Aus meinem eigenen Dasein und aus der Abhängigkeit, die ich in mir selbst und in meinen Vorstellungen entdecke, ziehe ich dann notwendig einen Vernunftschluß auf das Dasein eines Gottes und aller erschaffenen Dinge im Geist Gottes. Soviel auf deine erste Frage. Was die zweite anlangt, so nehme ich an, du kannst sie dir jetzt selber beantworten. Denn du nimmst die Materie weder gegenständlich wahr, wie es bei einem untätigen Wesen oder einer Vorstellung der Fall ist, noch erkennst du sie, wie dich selbst durch Selbstwahrnehmung, noch faßt du sie mittelbar durch ihre Ähnlichkeit mit dem einen oder dem anderen auf, noch auch folgerst du sie durch Vernunftschlüsse aus dem unmittelbar Erkannten. All das unterscheidet wesentlich die Frage nach der Materie von der nach der Gottheit.

[Hyl.: Du sagst, deine eigene Seele liefert dir eine Art Vorstellung oder Bild von Gott. Aber zugleich gibst du zu, daß du im eigentlichen Sinne keine Vorstellung von deiner eigenen Seele hast. Ja, du versicherst, daß Seelenwesen eine von Vorstellungen ganz verschiedene Art Wesen sind; folglich kann keine Vorstellung einem Seelenwesen gleichen. Wir haben demnach keine Vorstellung von einem Seelenwesen. Nichtsdestoweniger nimmst du das Dasein einer Seelensubstanz an, obgleich du keine Vorstellung von ihr hast, während du leugnest, daß etwas wie materielle Substanz existieren könne, weil du weder Begriff noch Vorstellung von ihr hast. Heißt dies redlich gehandelt? Folgerichtig müßtest du entweder die materielle Substanz zulassen oder die seelische verwerfen. Was sagst du nun?

Phil.: Ich sage zunächst, daß ich das Dasein einer materiellen Substanz nicht bloß darum leugne, weil ich keinen Begriff von ihr habe, sondern weil der Begriff von ihr Unvereinbares enthält, oder mit anderen Worten, weil es widerspruchsvoll ist, wenn es überhaupt einen Begriff von ihr gäbe. Soviel ich davon weiß, mögen viele Dinge existieren, von denen weder ich noch sonst ein Mensch eine Vorstellung oder einen Begriff hat, noch haben kann. Aber diese Dinge müssen möglich sein, d. h. ihre Begriffsbestimmung darf keinen Widerspruch enthalten. Zweitens sage ich: obgleich wir an das Dasein von Dingen glauben, die wir nicht wahrnehmen, so dürfen wir doch nicht glauben, irgendein besonderes Ding existiere, ohne einen Grund für solchen Glauben; für den Glauben an das Dasein von Materie aber habe ich keinen Grund. Ich habe keine unmittelbare Anschauung davon, ebensowenig kann ich unmittelbar aus meinen Empfindungen, Vorstellungen, Begriffen, Handlungen oder Leidenschaften auf eine ungeistige, nicht wahrnehmende, untätige Substanz schließen — weder durch wahrscheinliche Ableitung noch durch notwendige Folgerung. Das Dasein meines eigenen Selbst dagegen, d. h. meiner eigenen Seele, meines Geistes, oder des geistigen Prinzips in mir, erkenne ich offensichtlich durch Selbstwahrnehmung. Du mußt entschuldigen, daß ich dieselben Dinge als Antwort auf dieselben Einwände wiederhole. Bereits in * der Begriffsbestimmung einer *materiellen Substanz* ist ein offensichtlicher Widerspruch und eine Ungereimtheit enthalten; von dem Begriff einer Seelensubstanz kann man das jedoch nicht sagen. Es ist ein Widerspruch, daß Vorstellungen in etwas, das nicht wahrnimmt, existieren sollten oder durch etwas, das nicht wirkt, hervorgebracht würden. Aber es ist kein Widerspruch zu sagen, daß ein wahrnehmendes Ding der Träger von Vorstellungen oder ein wirkendes Ding die Ursache derselben sei. Zugeben will ich, daß wir weder eine unmittelbare Anschauung (immediate evidence) noch eine beweisbare Erkenntnis (demonstrative knowledge) von dem Dasein anderer endlicher Seelenwesen haben. Aber daraus folgt noch nicht, daß solche Seelenwesen auf gleicher Linie mit materiellen Substanzen stehen: denn es ist nicht folgerichtig, diese anzunehmen, wohl aber jene; die einen können durch keinen Beweisgrund erschlossen werden, dagegen be- * steht Wahrscheinlichkeit für die anderen; wir sehen Zeichen * und Wirkungen, die auf bestimmte endliche wirkende Kräfte, wie wir es selbst sind, hinweisen, und sehen keinerlei Zeichen oder Symptome, die zu einem vernünftigen Glauben an Materie führen. Zum Schluß behaupte ich, daß ich einen Begriff von einem Seelenwesen habe, wenn auch, streng genommen, keine Vorstellung von einem solchen. Ich nehme es nicht wie eine Vorstellung wahr, noch durch eine Vorstellung, sondern erkenne es durch Selbstwahrnehmung.

Hyl.: Trotz all deiner Auseinandersetzungen müßte sich nach deiner Denkweise und zufolge deiner Grundsätze ergeben, daß du nur ein System wogender Vorstellungen bist ohne irgendeine Substanz als deren Träger. Worte dürfen nicht ohne einen Sinn angewandt werden. Und da nicht mehr Sinn an einer *seelischen Substanz* als an einer *materiellen Substanz* ist, muß die eine so gut wie die andere verworfen werden.

Phil.: Wie oft muß ich wiederholen, daß ich Kenntnis oder Bewußtsein von meinem eigenen Dasein habe und daß *ich selbst* nicht meine Vorstellungen bin, sondern etwas * anderes, nämlich ein geistiges, tätiges Prinzip, das wahrnimmt, erkennt, will und mit Vorstellungen operiert. Ich weiß, daß ich, ein und derselbe, Farben wie Töne wahrnehme, daß eine Farbe keinen Ton, noch ein Ton eine Farbe wahrnehmen kann, daß ich folglich ein einziges individuelles Prinzip bin, unterschieden von Farbe und Ton, und aus dem gleichen Grunde von allen übrigen sinnlichen Dingen und untätigen Vorstellungen. Aber ich bin mir nicht in gleicher Weise weder des Daseins noch des Wesens der Materie bewußt. Ich weiß im Gegenteil, daß nichts in sich etwas Unvereinbares enthält und daß das Dasein der Materie eben eine solche Ungereimtheit ist. Weiter weiß ich, was ich unter der Behauptung verstehe: es gibt eine seelische Substanz oder einen Träger von Vorstellungen, nämlich ein Seelenwesen erkennt und nimmt Vorstellungen wahr. Aber ich weiß nicht, was es heißen soll, wenn man sagt, Vorstellungen oder Urbilder von Vorstellungen seien einer nicht wahrnehmenden Substanz, die dieselben trage, inhärent. Daher liegt der Fall ganz anders bei der Seelensubstanz als bei der Materie.] *)

Hyl.: Ich bin in dieser Frage überzeugt. Aber glaubst du 5
im Ernst, das wirkliche Dasein sinnlicher Dinge bestehe darin, daß sie tatsächlich wahrgenommen werden? Ist dem so, wie kommt es dann, daß alle Menschen zwischen beiden unter-

*) Die in Klammern eingeschlossene Stelle ist der Zusatz der dritten Auflage.

scheiden? Frage den ersten besten, und er wird dir sagen: W a h r g e n o m m e n w e r d e n ist eine Sache und D a - s e i n eine andere.

Phil.: Ich begnüge mich damit, Hylas, mich für die Wahrheit meiner Ansicht auf den gesunden Menschenverstand zu berufen. Frage den Gärtner, warum er glaubt, daß jener Kirschbaum dort im Garten ist, und er wird dir sagen, weil er ihn sieht und fühlt; mit einem Wort, weil er ihn durch seine Sinne wahrnimmt. Frage ihn, warum er glaubt, daß ein Orangenbaum dort nicht ist, und er wird dir sagen, weil er ihn nicht wahrnimmt. Was er durch die Sinne wahrnimmt, das bezeichnet er als wirkliches Wesen und sagt, es ist oder existiert; aber was nicht wahrnehmbar ist, das, sagt er, hat kein Dasein.

Hyl.: Jawohl, Philonous, ich gebe zu, daß das Dasein eines sinnlichen Dinges darin besteht, wahrnehmbar zu sein, aber nicht darin, tatsächlich wahrgenommen zu werden.

Phil.: Und was ist wahrnehmbar außer einer Vorstellung? Kann aber eine Vorstellung existieren, ohne tatsächlich wahrgenommen zu werden? In diesen Fragen haben wir uns doch längst geeinigt.

Hyl.: Magst du noch so recht haben mit deiner Meinung, so wirst du doch gewiß nicht bestreiten wollen, daß sie Anstoß erregt und dem gesunden Menschenverstand zuwider ist. Frage den Mann, ob der Baum drüben ein Dasein außerhalb seines Geistes hat; was, glaubst du wohl, wird er antworten?

Phil.: Das gleiche wie ich selbst: daß er außerhalb seines Geistes existiert. Einem Christen kann aber sicherlich die Behauptung nicht anstößig sein, daß der wirkliche Baum, der unabhängig von seinem Geist existiert, wahrhaft erkannt und aufgefaßt wird von (d. h. existiert in) dem unendlichen Geist Gottes. Wahrscheinlich ist er sich nicht auf den ersten Blick
* des direkten und unmittelbaren Beweises dafür bewußt, daß

nämlich das bloße Dasein eines Baumes oder eines anderen sinnlichen Dinges das Dasein eines Geistes voraussetzt, in dem es ist. Aber die Sache selbst kann er nicht bestreiten. Die Streitfrage zwischen den Materialisten und mir ist nicht, ob die Dinge ein *wirkliches* Dasein außerhalb des Geistes
dieser oder jener Person haben, sondern ob sie ein *abso-* *
lutes Dasein haben, unterschieden von der Wahrnehmung Gottes und außerhalb jedes Geistes. Dieses haben freilich einige Heiden und Philosophen behauptet, doch wer Begriffe von der Gottheit vertritt, die mit der Heiligen Schrift übereinstimmen, der wird anderer Meinung sein.

Hyl.: Worin besteht aber nach deinen Begriffen der Unter- 6
schied zwischen wirklichen Dingen und Schimären der Einbildungskraft oder Traumerscheinungen — da sie alle gleichermaßen im Geist sind?

Phil.: Die Vorstellungen der Einbildungskraft sind schwach und unbestimmt und außerdem in völliger Abhängigkeit vom Willen. Aber die sinnlich wahrgenommenen Vorstellungen, d. h. wirkliche Dinge, sind lebhafter und klarer; und da sie dem Geist durch ein von uns verschiedenes Seelenwesen eingeprägt werden, sind sie nicht in gleicher Weise von unserem Willen abhängig. Es ist also keine Gefahr, sie mit den vorhergehenden zu verwechseln und ebensowenig mit den Erscheinungen eines Traumes, die trüb, unregelmäßig und verworren sind. Und sollten sie auch zufällig noch so lebhaft und natürlich sein, so sind sie doch dadurch, daß sie nicht einheitlich mit den vorhergehenden und folgenden Ereignissen unseres Lebens verbunden sind, vom Wirklichen leicht zu unterscheiden. Kurz, jedes Verfahren, durch das du nach deiner Anschauungsweise Dinge von Schimären unterscheidest, wird offensichtlich auch für die meine anwendbar sein. Denn es muß, wie ich annehme, durch einen wahrgenommenen Unterschied geschehen, und ich möchte dich auch nicht *einer*
Sache, die du wahrnimmst, berauben. *

Hyl.: Immerhin, Philonous, behauptest du, daß es in der Welt nichts als Seelenwesen und Vorstellungen gibt. Und du mußt schlechthin zugeben, daß dies sehr absonderlich klingt.

Phil.: Ich gebe zu, daß das Wort *Vorstellung*, das man gewöhnlich nicht für *Ding* anwendet, etwas ausgefallen klingt. Ich wandte es aus dem Grund an, weil man allgemein annimmt, daß dieser Ausdruck eine notwendige Beziehung zum Geist in sich schließt. Auch benutzen ihn jetzt gewöhnlich die Philosophen, um die unmittelbaren Gegenstände des Verstandes zu bezeichnen. Wie seltsam aber auch der Satz den Worten nach klingen mag, so enthält er doch seinem Sinne nach gar nichts so Seltsames oder Anstößiges; tatsächlich läuft es auf nichts anderes hinaus, als daß es nur wahrnehmende Dinge und wahrgenommene Dinge gibt, oder daß jedes ungeistige Wesen notwendig und schon einzig infolge der Art seines Daseins von irgendeinem Geist wahrgenommen wird, und zwar, wenn nicht von einem endlichen erschaffenen Geist, so doch sicherlich von dem unendlichen
* Geist Gottes, in dem „wir leben, weben und sind". Ist dies seltsamer als die Behauptung, daß sich die sinnlichen Qualitäten nicht an den Gegenständen befinden, oder daß wir des Daseins der Dinge nicht gewiß sind oder nichts von ihrer wirklichen Natur wissen — obgleich wir sie sehen und fühlen und sie durch all unsere Sinne wahrnehmen?

7 Hyl.: Und müssen wir daher nicht annehmen, daß so etwas wie natürliche oder körperliche Ursachen nicht existieren, sondern daß ein Seelenwesen die unmittelbare Ursache aller Erscheinungen in der Natur ist? Kann es etwas noch Überspannteres geben?

Phil.: Jawohl, die Behauptung ist unendlich überspannter, daß ein Ding, das untätig ist, auf den Geist wirkt, ein Ding, das nicht wahrnimmt, die Ursache unserer Wahrnehmungen ist [ohne alle Rücksicht auf die Folgerichtigkeit oder das alte

bekannte Axiom: Nichts kann einem anderen etwas geben, was es selbst nicht besitzt.]*) *
Überdies ist das, was dir, ich weiß nicht aus welchem Grunde, so überspannt scheint, nur das, was die Heilige Schrift an Hunderten von Stellen behauptet. In ihnen wird Gott als der alleinige und unmittelbare Urheber aller jener Wirkungen vorgestellt, die einigen Heiden und Philosophen gewöhnlich der Natur, Materie, dem Schicksal oder einem ähnlichen ungeistigen Prinzip zuschreiben. Das ist so sehr die ständige Sprache der Schrift, daß es einer Bestätigung durch Zitate nicht bedarf.

Hyl.: Du bist dir wohl nicht bewußt, Philonous, daß du Gott, wenn du ihn zum unmittelbaren Urheber aller Bewegungen in der Natur machst, auch zum Urheber von Mord, Gotteslästerung, Ehebruch und ähnlichen verabscheuungswerten Sünden machst. *

Phil.: Hierauf bemerke ich zunächst, daß die Schuld die gleiche bleibt, ob jemand eine Handlung mit oder ohne ein Werkzeug vollbringt. Falls du also annimmst, Gott wirke durch Vermittlung eines Werkzeuges oder einer Veranlassung (occasion), Materie genannt, so machst du ihn genauso gut zum Urheber der Sünde wie ich, der ich ihn für die unmittelbar wirkende Kraft in all jenen Vorgängen halte, die *
man gewöhnlich der Natur zuschreibt. Ferner bemerke ich, daß Sünde oder sittliche Verworfenheit nicht in der äußeren körperlichen Handlung oder Bewegung besteht, sondern in der inneren Abweichung des Willens von den Gesetzen der Vernunft und Religion. Das ist klar; denn das Töten eines Feindes in der Schlacht oder die gesetzliche Hinrichtung eines Verbrechers wird nicht für sündhaft gehalten. Und doch ist die äußere Tat genau die gleiche wie im Fall eines Mordes. Da demnach die Sünde nicht in der körperlichen Handlung besteht, so macht man auch Gott nicht zum Urheber der

*) Die in Klammern eingeschlossene Stelle fehlt in der dritten Auflage.

Sünde, wenn man ihn für die unmittelbare Ursache derartiger
Handlungen hält. Schließlich habe ich nirgends gesagt, daß
* Gott die einzige wirkende Kraft sei, die alle Bewegungen in
den Körpern hervorbringt. Wahr ist, daß ich alle anderen
* wirkenden Kräfte mit Ausnahme von Seelenwesen geleugnet
habe, aber dies ist durchaus damit vereinbar, geistigen vernünftigen Wesen bei der Erzeugung von Bewegungen den Gebrauch beschränkter Kräfte zuzugestehen, die sich letzten Endes allerdings von Gott herleiten, unmittelbar aber unter der Leitung des eigenen Willens dieser Wesen stehen; und dies genügt, sie für alle Schuld ihrer Handlungen verantwortlich zu machen.

8 Hyl.: Aber die Ableugnung der Materie, Philonous, oder einer körperlichen Substanz — das ist der springende Punkt. Niemals kannst du mich überzeugen, daß dies nicht der allgemeinen Auffassung der Menschheit widerspricht. Sollte unser Streit durch Stimmenmehrheit entschieden werden, so zweifle ich nicht, daß du die Sache aufgeben würdest, ohne erst die Stimmen zu sammeln.

Phil.: Ich wünschte, unsrer beider Ansichten würden gerecht dargestellt und dem Urteil von Leuten mit gesundem Menschenverstand, doch ohne die Vorurteile einer gelehrten Erziehung, unterworfen. Laß mich als einen dargestellt sein, der seinen Sinnen traut, der glaubt, er erkenne die Dinge, die er sieht und fühlt, und der an ihrem Dasein keinen Zweifel hegt; und du wirst ehrlich mit all deinen Zweifeln, deinen Paradoxen und deinem Skeptizismus vorgeführt, so will ich gern die Entscheidung jedes unparteiischen Menschen erwarten. Mir ist es klar, daß es außer einem Seelenwesen keine Substanz geben kann, in der Vorstellungen existieren können. Und jeder wird zugeben, daß die Gegenstände, die unmittelbar wahrgenommen werden, Vorstellungen sind. Und niemand kann abstreiten, daß sinnliche Qualitäten unmittelbar wahrgenommene Gegenstände sind. Es ist daher offen-

sichtlich, daß es kein _Substrat_ solcher Qualitäten geben kann außer einem _Seelenwesen_; in diesem existieren sie nicht in der Weise einer Art oder Eigentümlichkeit, sondern als das wahrgenommene Ding im wahrnehmenden. Ich leugne demnach, daß es irgendein ungeistiges _Substrat_ der sinnlichen Gegenstände gibt, und in diesem Sinne, daß es irgendeine materielle Substanz gibt. Aber wenn man unter _materieller Substanz_ nur einen sinnlichen Körper versteht, der gesehen und gefühlt wird (und der Teil der Menschen, der nicht gerade philosophisch gebildet ist, versteht darunter wohl nichts anderes), dann bin ich des Daseins der Materie gewisser als du oder irgendein anderer Philosoph zu sein vorgibt. Wenn etwas die Menschen im allgemeinen den Ansichten, die ich vertrete, abgeneigt macht, so ist es das Mißverständnis, daß ich die Wirklichkeit sinnlicher Dinge
leugne; da aber du es bist und nicht ich, der sich dessen schul- *
dig macht, so folgt, daß sich in Wahrheit ihre Abneigung gegen deine Ansichten und nicht gegen meine richtet. Ich versichere also, daß ich so gewiß bin wie meines eigenen Daseins, daß Körper oder körperliche Substanzen (womit ich die sinnlich wahrgenommenen Dinge meine) existieren und daß dies zugestanden, die Masse der Menschen sich darüber keine Gedanken macht noch sich im geringsten beteiligt findet an dem Schicksal jener unbekannten Naturen und philosophi-
schen Wesenheiten, in die manche Leute so vernarrt sind. *

Hyl.: Was sagst du aber hierzu: Wenn man nach deiner 9
Meinung über die Wirklichkeit der Dinge nach seinen Sinnen urteilt — wie kann sich dann jemand irren, der den Mond für eine glatte, leuchtende Fläche von etwa einem Fuß Durchmesser ansieht, oder einen eckigen Turm aus der Entfernung gesehen für rund, oder ein Ruder, das mit einem Ende im Wasser steckt, für gebrochen?

Phil.: Er irrt sich nicht in den Vorstellungen, die er tatsächlich wahrnimmt, sondern in den Folgerungen, die er aus seinen gegenwärtigen Wahrnehmungen zieht. So ist in dem Fall mit dem Ruder das, was er unmittelbar mit dem Gesichtssinn wahrnimmt, sicherlich gebrochen; und insoweit hat er recht. Aber er irrt, wenn er daraus schließt, er werde, wenn er das Ruder aus dem Wasser nimmt, die gleiche Krümmung wahrnehmen, oder sein Tastsinn würde davon ebenso erregt wie gewöhnlich von gebrochenen Dingen. Wenn er gleichermaßen von dem, was er an einer Stelle wahrnimmt, schließen will, daß er von den nämlichen Vorstellungen erregt werden würde, falls er sich dem Mond oder dem Turm nähert, so irrt er sich. Aber sein Irrtum liegt nicht in dem, was er unmittelbar und gegenwärtig wahrnimmt (da die Annahme ein offener Widerspruch wäre, er könnte in dieser Hinsicht irren), sondern in dem falschen Urteil, das er über die Vorstellungen fällt, die nach seiner Auffassung mit jenen unmittelbar wahrgenommenen verbunden sind, oder über die Vorstellungen, von denen er sich nach dem gegenwärtig wahrgenommenen einbildet, sie würden unter anderen Umständen wahrgenommen werden. Dasselbe gilt für die kopernikanische Weltauffassung. * Wir nehmen hier keine Bewegung der Erde wahr; aber es wäre irrig, daraus zu schließen, daß wir, wie jetzt von den übrigen Planeten, nicht ihre Bewegung wahrnehmen würden, wenn wir uns in einer ebenso großen Entfernung von ihr befänden.

Hyl.: Ich verstehe und muß freilich zugeben, was du da sagst, ist einleuchtend genug: aber gestatte mir, dich an eines zu erinnern. Sage, Philonous, glaubtest du nicht früher ebenso bestimmt, daß Materie existiert, wie jetzt, daß sie es nicht tut?

Phil.: Freilich; aber der Unterschied liegt darin: früher gründete sich meine Bestimmtheit ohne Prüfung auf Vorurteil, aber jetzt, nach Untersuchung, auf Beweis.

Hyl.: Schließlich scheint unser Streit sich mehr um Worte als um Sachen zu drehen. In der Sache stimmen wir überein, aber im Ausdruck gehen wir auseinander. Daß von außen her in uns Vorstellungen erregt werden, ist augenscheinlich, und nicht weniger klar ist es, daß es (ich will nicht sagen Urbilder, aber) Kräfte unabhängig vom Geist geben muß, die jenen Vorstellungen entsprechen. Und da diese Kräfte nicht für sich existieren können, muß notgedrungen irgendein Träger derselben zugelassen werden, den ich Materie nenne und du Seelenwesen. Das ist der ganze Unterschied.

Phil.: Ist nun, Hylas, dies kraftbegabte Wesen oder dieser Träger von Kräften ausgedehnt?

Hyl.: Es besitzt keine Ausdehnung; aber es hat die Kraft, in dir die Vorstellung der Ausdehnung zu erwecken.

Phil.: Selbst ist es also unausgedehnt?

Hyl.: Das gebe ich zu.

Phil.: Ist es nicht auch tätig?

Hyl.: Zweifellos, wie könnten wir ihm sonst Kräfte zuschreiben?

Phil.: Nun laß mich dir zwei Fragen stellen: erstens, ob es mit dem Brauch der Philosophen oder anderer Leute übereinstimmt, einem unausgedehnten tätigen Wesen den Namen Materie beizulegen? Und zweitens, ob es nicht ein lächerlicher Widersinn ist, Bezeichnungen falsch und dem gewöhnlichen Sprachgebrauch entgegen anzuwenden?

Hyl.: Gut, laß es nicht Materie heißen, da du es einmal so willst, sondern irgendeine dritte Natur, von Materie und Seelenwesen unterschieden. Denn aus welchem Grunde solltest du es Seelenwesen nennen? Liegt nicht in dem Begriff eines Seelenwesens, daß es sowohl geistig wie tätig und unausgedehnt ist?

Phil.: Mein Grund ist dieser: Es kommt mir darauf an, bei dem, was ich sage, einen Begriff zu haben, der etwas bedeutet; aber ich habe keinen Begriff irgendeiner von Willensregung verschiedenen Tätigkeit, noch kann ich mir vorstellen, daß eine Willensregung irgendwo anders als in einem Seelenwesen existiert; deshalb bin ich genötigt, wenn ich von einem tätigen Wesen spreche, darunter ein Seelenwesen zu verstehen. Weiter: was kann klarer sein, als daß ein Ding, das keine Vorstellung in sich selbst hat, mir solche nicht mitteilen kann; und hat es Vorstellungen, so muß es sicherlich ein Seelenwesen sein. Ich will dir aber das Verständnis der Frage nach Möglichkeit noch mehr erleichtern: Ich behaupte so gut wie du, da wir von außen her erregt werden, so müssen wir Kräfte, die außer uns existieren, in einem von uns unterschiedenen Wesen annehmen. Soweit sind wir einer Meinung. Aber nun gehen wir in bezug auf die Art dieses kraftbegabten Wesens auseinander. Ich will, es solle ein Seelenwesen sein, du Materie oder ich weiß nicht welche (ich könnte hinzufügen, du weißt nicht welche) dritte Natur. Daß es ein Seelenwesen ist, beweise ich so: Von den Wirkungen, die ich hervorgebracht sehe, schließe ich, daß Tätigkeiten existieren; und weil Tätigkeiten existieren, schließe ich auf Willensregungen, und weil Willensregungen existieren, muß es einen Willen geben. Ferner müssen die von mir wahrgenommenen Dinge, sie oder ihre Urbilder, ein Dasein außerhalb meines Geistes haben; aber da sie Vorstellungen sind, können weder sie noch ihre Urbilder anders als in einem Verstand existieren; deshalb gibt es einen Verstand. Aber Wille und Verstand machen im strengsten Sinne einen Geist oder ein Seelenwesen aus. Die kraftbegabte Ursache also ist nach strengem Sprachgebrauch ein S e e l e n w e s e n.

11 Hyl.: Und nun, wette ich, glaubst du die Frage geklärt zu haben, ohne zu merken, daß deine Behauptung direkt zu einem Widerspruch führt. Ist es nicht ein Unsinn, sich an Gott eine Unvollkommenheit zu denken?

Phil.: Ohne Zweifel.

Hyl.: Schmerz zu erleiden ist eine Unvollkommenheit?

Phil.: Gewiß.

Hyl.: Wird nicht manchmal in uns durch ein anderes Wesen Schmerz oder Unbehagen erregt?

Phil.: Jawohl.

Hyl.: Und hast du nicht gesagt, dies Wesen sei ein Seelenwesen, und ist nicht dieses Seelenwesen Gott?

Phil.: Zugegeben.

Hyl.: Nun hast du aber behauptet, daß jegliche Vorstellung, die wir von anderswoher wahrnehmen, in dem uns erregenden Geist existiert. Demnach sind die Vorstellungen von Schmerz und Unbehagen in Gott oder, mit anderen Worten, Gott leidet Schmerz, d. h. es existiert eine Unvollkommenheit in der göttlichen Natur, und das ist, wie du zugibst, sinnlos. So hast du dich in einen deutlichen Widerspruch verstrickt.

Phil.: Es ist keine Frage für mich, daß Gott alle Dinge kennt und versteht und daß er unter anderem auch weiß, was Schmerz, ja jede Art von schmerzlicher Empfindung ist, und was es für seine Geschöpfe bedeutet, Schmerz zu erleiden. Aber ich bestreite entschieden, daß Gott selbst Schmerz erleiden kann, wenn er auch schmerzliche Empfindungen kennt und manchmal in uns verursacht. Wir, die wir beschränkte und abhängige Seelenwesen sind, sind den Eindrücken der Sinne, den Wirkungen einer äußeren Kraft unterworfen, und * diese, da sie gegen unseren Willen hervorgerufen werden, sind manchmal schmerzlich und unbehaglich. Gott aber, den kein äußeres Wesen erregen kann, der nichts durch die Sinne wahrnimmt wie wir, dessen Wille unbeschränkt und unabhängig ist, der alle Dinge verursacht und der keiner Durchkreuzung, keinem Widerstand ausgesetzt ist — ein solches Wesen, das ist klar, kann nichts erleiden, noch durch unlustvolle Empfindungen oder überhaupt eine Empfindung erregt werden. Wir sind an einen Körper gekettet, d. h. unsere Wahrnehmungen sind mit körperlichen Bewegungen verknüpft. Nach dem Gesetz unserer Natur werden wir bei jeder

Veränderung im Nervensystem unseres sinnlichen Körpers erregt; dieser sinnliche Körper ist, richtig betrachtet, nichts als eine Verbindung solcher Qualitäten oder Vorstellungen, die kein verschiedenes Dasein davon haben, daß sie von einem Geist wahrgenommen werden. So bedeutet diese Verbindung von Empfindungen mit körperlichen Bewegungen weiter nichts, als daß sich in der Naturordnung zwei Reihen von Vorstellungen oder unmittelbar wahrgenommenen Dingen entsprechen. Aber Gott ist ein rein seelisches Wesen, dem derartiges Mitgefühl oder natürliche Beziehungen fremd sind. In seinem Geist sind keine körperlichen Bewegungen von den Empfindungen der Lust oder Unlust begleitet. Alles Wissenswerte zu wissen, ist sicherlich eine Vollkommenheit; aber irgend etwas durch die Sinne zu erdulden, zu erleiden oder zu empfinden ist eine Unvollkommenheit. Ersteres, sage ich, kommt Gott zu, nicht aber letzteres. Gott erkennt oder hat Vorstellungen, aber seine Vorstellungen werden ihm nicht durch die Sinne zugeführt wie die unsrigen. Weil du da nicht unterscheidest, wo eine so offensichtliche Verschiedenheit besteht, meinst du etwas Sinnloses zu sehen, wo es nicht ist.

12 Hyl.: Aber diese ganze Zeit hast du nicht daran gedacht,
* daß man bewiesen hat, daß die Menge der Materie im Verhältnis zu der Schwerkraft der Körper steht. Und was kann wider einen Beweis eingewandt werden?

Phil.: Laß mich sehen, wie du diesen Punkt beweist.

Hyl.: Ich nehme es als Grundsatz an, daß die Momente oder die Größe der Bewegung in den Körpern in direktem Verhältnis zur Geschwindigkeit und Masse der in ihnen enthaltenen Materie stehen. Sind also die Geschwindigkeiten gleich, so folgt, daß die Momente sich direkt verhalten wie die in jedem Körper enthaltene Materie. Nun ist durch Erfahrung festgestellt, daß alle Körper (läßt man die kleinen Ungleichheiten, die aus dem Luftwiderstand erwachsen, beiseite) mit gleicher Geschwindigkeit fallen; die Bewegung fallender Körper daher und folglich deren Schwerkraft, als die Ursache oder das Prinzip jener Bewegung, ist der Masse der Materie proportional, was zu beweisen war.

Phil.: Du nimmst als selbstverständlichen Grundsatz an, daß die Größe der Bewegung in jedem Körper der Geschwindigkeit und der *Materie* zusammengenommen proportional ist, und hiervon machst du Gebrauch, um einen Satz zu beweisen, aus dem das Dasein der *Materie* geschlossen wird. Ich bitte dich, ist das nicht ein Zirkelschluß?

Hyl.: Mit der Prämisse will ich nur sagen, daß die Bewegung dem Produkt aus der Geschwindigkeit und der Ausdehnung und Dichte proportional ist.

Phil.: Aber selbst angenommen, dies sei wahr, so folgt daraus noch nicht, daß die Schwere im Verhältnis zur *Materie* stehe, in deinem philosophischen Sinn dieses Wortes; es sei denn, du erkennst an, daß dieses unbekannte *Substrat*, oder wie du es sonst nennen magst, im Verhältnis zu jenen sinnlichen Qualitäten steht, das offenbar das Fragliche voraussetzen hieße. Daß es, von den Sinnen wahrgenommen, Größe und Dichte oder Widerstand gibt, gebe ich bereitwillig zu, wie ich auch gleicherweise nicht abstreiten will, daß Schwere zu diesen Qualitäten in einem bestimmten Verhältnis stehen mag. Aber daß entweder diese Qualitäten, wie wir sie wahrnehmen, oder die Kräfte, die sie hervorbringen, in einem *materiellen Substrat* ein Dasein haben — das bestreite ich eben; und du behauptest es zwar, hast es aber, ungeachtet deiner Darlegung, noch nicht bewiesen.

Hyl.: Ich will nicht länger bei dieser Frage verweilen. 13
Glaubst du denn aber, mich überzeugen zu können, daß die Naturphilosophen bisher stets geträumt haben? Sage mir, was wird aus all ihren Hypothesen und Erklärungen der Erscheinungen, die das Dasein der Materie voraussetzen?

Phil.: Was verstehst du unter Erscheinungen, Hylas?

Hyl.: Ich meine die durch meine Sinne wahrgenommenen Erscheinungen.

Phil.: Und sind die durch die Sinne wahrgenommenen Erscheinungen nicht Vorstellungen?

Hyl.: Hundertmal habe ich dir das gesagt.

Phil.: Die Erscheinungen erklären heißt zeigen, wie es kommt, daß wir von Vorstellungen erregt werden in der Weise und Ordnung, in der sie unseren Sinnen eingeprägt werden. Nicht wahr?

Hyl.: Gewiß.

Phil.: Wenn du nun beweisen kannst, daß irgendein Philosoph die Erzeugung auch nur einer Vorstellung in unserem Geist mit Hilfe der Materie erklärt hat, so will ich für immer zufrieden sein und alles bisher dagegen Gesagte für nichts achten; kannst du es aber nicht, so führst du vergeblich die Erklärung der Erscheinungen ins Feld. Daß ein mit Erkenntnis und Willen begabtes Wesen Vorstellungen hervorbringt oder aufweist, ist leicht zu verstehen. Daß aber ein Wesen, dem diese Fähigkeiten durchaus abgehen, imstande sein sollte, Vorstellungen hervorzubringen oder in irgendeiner Weise einen Verstand zu erregen, das werde ich nie verstehen. Wenn wir auch einen bestimmten Begriff der Materie besäßen, wenn wir auch ihre Qualitäten erkennen und ihr Dasein begreifen könnten, so wäre dies wahrlich doch von einer Erklärung der Dinge so weit entfernt, daß es vielmehr selbst das unerklärlichste Ding der Welt ist. Und doch folgt daraus nicht, daß die Philosophen nichts geleistet haben; denn dadurch, daß sie Beobachtungen und Erwägungen über die Verbindung der Vorstellungen anstellen, entdecken sie die Gesetze und Verfahrensweisen (methods) der Natur, und dies ist ein nützlicher und annehmbarer Teil der Erkenntnis.

Hyl.: Kann man aber wirklich annehmen, Gott täusche 14
die ganze Menschheit? Bildest du dir ein, er würde die ganze Welt zu dem Glauben an das Dasein einer Materie verleitet haben, wenn solch ein Ding gar nicht existiert?

Phil.: Daß eine jede aus Vorurteil oder Leidenschaft oder aus Gedankenlosigkeit entspringende Meinung (opinion), die sich ansteckend verbreitet, Gott als ihren Urheber zur Last gelegt werden darf, das wirst du wohl nicht behaupten wollen. Wenn wir irgendeine Meinung von Gott herleiten, so kann es nur sein, weil er sie uns durch übernatürliche Offenbarung entdeckt hat oder weil sie unseren natürlichen Fähigkeiten, die von Gott gebildet und verliehen sind, so einleuchtet, daß wir unmöglich ihr unsere Zustimmung versagen könnten. Aber wo ist hier die Offenbarung? Oder wo die einleuchtende Gewißheit, die uns den Glauben an die Materie aufzwingt? Ja, wo zeigt sich, daß das Dasein der Materie, wenn man sie als etwas Verschiedenes von dem, was wir durch unsere Sinne wahrnehmen, faßt, von allen Menschen angenommen wird oder überhaupt von irgend jemand, ausgenommen wenige Philosophen, die nicht wissen, wo sie hinaus wollen? Deine Frage setzt voraus, daß diese Punkte geklärt sind; wenn du sie geklärt hast, dann werde ich mich für verpflichtet halten, dir eine weitere Antwort zu geben. Inzwischen genüge dir die Versicherung, daß ich nicht annehme, Gott habe die Menschheit irgendwie getäuscht.

Hyl.: Aber die Neuheit, Philonous, die Neuheit! Da liegt die Gefahr. Neue Ansichten sollte man nie unterstützen; sie erschüttern die Gemüter der Menschen, und niemand weiß, wohin sie schließlich führen.

Phil.: Ich kann nicht begreifen, warum man annehmen müßte, die Verwerfung einer Ansicht, die weder in den Sinnen, noch in der Vernunft, noch in göttlicher Autorität ihre Begründung findet, sollte den Glauben an solche Meinungen, die auf allen oder einigen von diesen beruhen, erschüttern.

Daß Neuerungen in der Regierung oder Religion gefährlich sind und nicht unterstützt werden sollten, erkenne ich bereitwillig an. Besteht aber ein gleicher Grund, sie in der Philosophie zu verwerfen? Etwas zum Wissen erheben, was man vorher nicht wußte, ist eine Neuerung in der Erkenntnis: wären alle derartigen Neuerungen verboten worden, dann * hätte die Menschheit wohl bemerkenswerte Fortschritte in Künsten und Wissenschaften gemacht. Aber es ist nicht meine Sache, Neuheiten und Paradoxe zu verteidigen. Daß die Qualitäten, die wir wahrnehmen, nicht an den Gegenständen sind, daß wir unseren Sinnen nicht glauben dürfen, daß wir nichts von der wirklichen Natur der Dinge wissen und selbst ihres Daseins nie gewiß sein können, daß wirkliche Farben und Töne nichts als gewisse unbekannte Gestalten und Bewegungen sind, daß Bewegungen an sich weder schnell noch langsam sind, daß es in den Körpern absolute Ausdehnung ohne jede besondere Größe oder Gestalt gibt, daß ein stumpfsinniges, gedanken- und tatenloses Ding auf ein Seelenwesen einwirkt, daß das kleinste Körperteilchen zahllose ausgedehnte Teile enthält: das sind die Neuheiten, das sind die seltsamen Ansichten, welche die echte, unverdorbene Urteilskraft aller Menschen abstoßen und, einmal zugelassen, den Geist in endlose Zweifel und Schwierigkeiten verwickeln. Und gegen diese und ähnliche Neuerungen suche ich dem gesunden Menschenverstand sein Recht zu wahren. Es ist zwar wahr, daß ich bei der Ausführung dieser Absicht mich vielleicht genötigt sehen werde, einige *Umschweife* und nicht ganz gewöhnliche Redewendungen zu gebrauchen. Aber wenn meine Ansichten einmal durch und durch verstanden sind, dann wird man finden, daß das Sonderbarste in ihnen tatsächlich auf weiter nichts hinausläuft als auf folgendes: — daß die Annahme völlig unmöglich und ein offener Widerspruch ist, daß irgendein ungeistiges Wesen unabhängig davon, ob es von einem Geist wahrgenommen wird, existieren sollte. Ist aber dieser Begriff sonderbar, so ist das eine Schande heutzutage, noch dazu in einem christlichen Lande.

Hyl.: Es handelt sich nicht um die Schwierigkeiten, denen 15
andere Meinungen ausgesetzt sein mögen. Dir obliegt die Verteidigung deiner eigenen Meinung. Ist es nicht ganz klar, daß du alle Dinge in Vorstellungen verwandeln willst? Du, sage ich, der du dich nicht schämst, mich des *Skeptizismus* zu bezichtigen. Das ist so klar, daß es nicht zu bestreiten ist.

Phil.: Du mißverstehst mich. Ich will nicht Dinge in Vorstellungen verwandeln, sondern vielmehr Vorstellungen in Dinge. Denn jene unmittelbaren Gegenstände der Wahrnehmung, die nach dir nur Erscheinungen der Dinge sind, nehme ich für die wirklichen Dinge selbst.

Hyl.: Dinge! Du magst freilich vorgeben, was dir beliebt; aber gewiß ist, daß du uns nichts als die leeren Formen der Dinge läßt, nur die Außenseite, die unsere Sinne trifft.

Phil.: Was du die leeren Formen und die Außenseite der Dinge nennst, sind meiner Meinung nach gerade die Dinge selbst. Auch sind sie weder leer noch unvollständig, außer deiner Annahme, daß Materie ein wesentlicher Teil aller körperlichen Dinge sei. Wir stimmen also beide darin überein, daß wir nur sinnliche Formen wahrnehmen, gehen aber darin auseinander, daß du sie zu leeren Erscheinungen machen willst, ich zu wirklichen Wesen. Kurz, du traust deinen Sinnen nicht, ich tue es.

Hyl.: Du sagst, du glaubst deinen Sinnen, und schmei- 16
chelst dir, hierin mit dem Volk übereinzustimmen. Nach deiner Meinung wird demnach die wahre Natur eines Dinges durch die Sinne entdeckt. Ist dem so, woher denn jene Zwiespältigkeit? Werden nicht etwa die gleiche Gestalt und andere sinnliche Qualitäten auf alle mögliche Art und Weise

* wahrgenommen? Und warum sollten wir ein Mikroskop anwenden, um die wahre Natur eines Körpers besser zu entdecken, wenn sie mit bloßem Auge entdeckt werden könnte?

Phil.: Im strengen Sinne, Hylas, sehen wir nicht denselben * Gegenstand, den wir fühlen, noch wird derselbe Gegenstand durch das Mikroskop wahrgenommen, der es durch das bloße Auge wurde. Wollte man aber jede Veränderung für ausreichend erachten, eine neue Art oder ein Einzelwesen zu bilden, so würde die unendliche Zahl und die Wirrnis von Benennungen die Sprache unbenutzbar machen. Um daher diese Unbequemlichkeit so gut wie andere, die bei einiger Überlegung einleuchten, zu vermeiden, setzt man mehrere Vorstellungen zusammen, die durch verschiedene Sinne aufgefaßt werden oder durch denselben Sinn zu verschiedener Zeit oder unter verschiedenen Umständen, bei denen man aber trotzdem eine Verbindung in der Natur entweder in bezug auf ihr Zugleichsein (co-existence) oder auf eine Aufeinanderfolge beobachtet — und all dies wird unter dieselbe Benennung gebracht und als ein Ding angesehen. Daraus folgt, daß die Prüfung eines Dinges, das ich gesehen habe, durch meine anderen Sinne nicht das bessere Verständnis des gleichen Gegenstandes, den ich durch das Gesicht wahrgenommen hatte, bezweckt — denn der Gegenstand des einen Sinnes wird nicht durch die anderen Sinne wahrgenommen. Und wenn ich durch ein Mikroskop sehe, so geschieht es nicht, um deutlicher wahrzunehmen, was ich schon mit bloßem Auge wahrgenommen hatte, ist doch der durch das Glas wahrgenommene Gegenstand ganz verschieden von dem früheren. Aber in beiden Fällen ist es bloß mein Ziel, zu erkennen, welche Vorstellungen untereinander zusammenhängen, und je mehr jemand von dem Zusammenhang der Vorstellungen erkennt, um so mehr Erkenntnis von der Natur der Dinge darf man ihm zusprechen. Was tut's also, wenn unsere Vorstellungen veränderlich sind, wenn unsere Sinne nicht unter allen Umständen durch die gleichen Erscheinungen erregt werden? Es folgt daraus nicht, daß man ihnen nicht trauen darf oder daß sie mit sich selbst oder mit irgend sonst etwas nicht vereinbar sind, es sei denn mit deinem vorgefaßten Begriff von (ich weiß nicht was für) einer einzelnen, unveränderlichen, nicht wahrnehmbaren, wirklichen Natur, die jedes Wort bezeichnen soll; dieses Vorurteil scheint seinen Ursprung zu haben in einem ungenügenden Verständnis der gewöhnlichen Sprache der Menschen, die von mehreren verschiedenen Vorstellungen so reden, als seien sie durch den Geist zu einem Ding vereinigt; und tatsächlich hat man Grund zu der Annahme, daß manche irrige Meinungen der Philosophen derselben Quelle zuzuschreiben sind; sie begannen nämlich ihre Systeme nicht so sehr auf Begriffe wie auf Worte zu bauen, und diese wurden vom Volke gebildet einzig zur Bequemlichkeit und schnellen Erledigung der Handlungen des täglichen Lebens ohne irgendwelche Rücksicht auf gelehrte Forschung.

Hyl.: Ich glaube, ich verstehe, was du meinst.

Phil.: Du bist der Ansicht, daß die Vorstellungen, die wir 17
durch unsere Sinne wahrnehmen, nicht wirkliche Dinge sind, sondern Ab- oder Nachbildungen derselben. Unsere Erkenntnis ist deshalb nur insoweit wirklich, wie unsere Vorstellungen die wahren Stellvertreter jener Urbilder sind. Aber da diese angenommenen Urbilder an sich unbekannt sind, ist es unmöglich zu wissen, wie weit unsere Vorstellungen ihnen gleichen, ja, ob sie ihnen überhaupt gleichen. Wir können also nicht sicher sein, irgendeine wirkliche Erkenntnis zu besitzen. Da ferner unsere Vorstellungen beständig wechseln ohne eine Veränderung in den angenommenen wirklichen Dingen, so folgt daraus notwendig, daß sie nicht alle wahre Abbildungen von ihnen sein können; sind es aber einige und andere nicht, so ist es unmöglich, erstere von letzteren zu unterscheiden. Dies stürzt uns noch tiefer in Ungewißheit.

Wiederum können wir nicht, wenn wir diesen Punkt ins Auge fassen, begreifen, wie irgendeine Vorstellung oder etwas einer Vorstellung Ähnliches ein absolutes Dasein außerhalb eines Geistes haben sollte, ebensowenig folglich, nach deinen Lehren, wie es irgendein wirkliches Ding in der Natur geben könnte. Das Ergebnis von alledem ist, daß wir dem hoffnungslosesten und verzweifeltsten Skeptizismus anheimfallen. Gestatte mir nur ein paar Fragen: Erstens, ob deine Zurückführung der Vorstellungen auf bestimmte absolut existierende, unwahrgenommene Substanzen als deren Urbilder nicht die Quelle von all dem Skeptizismus ist? Zweitens, ob du durch die Sinne oder durch die Vernunft von dem Dasein jener unbekannten Urbilder unterrichtet wirst? Falls aber nicht — ist es dann nicht sinnlos, sie anzunehmen? Drittens, ob du, bei näherer Untersuchung, irgendeinen deutlichen Begriff oder Sinn in einem *absoluten oder äußeren Dasein nicht wahrnehmender Substanzen entdecken kannst*? Schließlich, ob es nicht in Erwägung dieser Prämissen das Klügste wäre, der Natur zu folgen, deinen Sinnen zu trauen und, alle sorgenvollen Gedanken über unbekannte Naturen und Substanzen beiseite legend, mit dem Volk diejenigen Dinge als wirklich gelten zu lassen, die durch die Sinne wahrgenommen werden?

18 Hyl.: Im Augenblick habe ich keine Lust, die Rolle des Antwortenden zu übernehmen. Viel lieber möchte ich sehen, wie du über folgende Schwierigkeiten hinwegkommst. Sage mir, sind nicht die Gegenstände, die die Sinne des einen
* wahrnehmen, ebenso auch anderen Anwesenden wahrnehmbar? Auch wenn noch hundert Menschen mehr hier wären, würden sie alle den Garten, die Bäume und Blumen sehen, so wie ich sie sehe. Aber sie werden nicht auf gleiche Weise von den Vorstellungen erregt, die meine Einbildungskraft bildet. Begründet dies nicht einen Unterschied zwischen Gegenständen ersterer und letzterer Art?

Phil.: Das gebe ich zu. Auch habe ich nie einen Unterschied zwischen den Gegenständen der Sinne und jenen der Einbildung geleugnet. Was willst du aber hieraus schließen? Du kannst nicht behaupten, sinnliche Gegenstände existierten unwahrgenommen, weil sie von vielen wahrgenommen werden.

Hyl.: Ich muß zugeben, mit diesem Einwand komme ich nicht weiter, er hat mich aber auf etwas anderes gebracht. Ist es nicht deine Meinung, daß wir durch unsere Sinne nur die Vorstellungen unseres Geistes wahrnehmen?

Phil.: Gewiß.

Hyl.: Aber die gleiche Vorstellung, die in meinem Geiste ist, kann nicht in deinem oder irgendeinem anderen Geiste sein. Folgt darum nicht aus deinen Grundsätzen, daß nicht zwei das gleiche Ding sehen können?. Ist dies nicht aber im höchsten Grade sinnlos?

Phil.: Wenn man den Ausdruck g l e i c h in der gewöhnlichen Bedeutung nimmt, so ist es gewiß (und den von mir vertretenen Grundsätzen durchaus nicht zuwider), daß verschiedene Personen das gleiche Ding wahrnehmen können, d. h. das gleiche Ding oder die gleiche Vorstellung existiert in verschiedenen Geistern. Worte sind willkürlich eingesetzt; und da die Menschen gewohnt sind, das Wort g l e i c h da anzuwenden, wo weder Unterschied noch Abweichung wahrgenommen wird, ich mir aber nicht anmaße, ihre Wahrnehmungen ändern zu können, so ergibt sich, die Leute mögen, wie sie bisher sagten, „v e r s c h i e d e n e s a h e n d a s g l e i c h e D i n g“, bei ähnlichen Gelegenheiten nur immer fortfahren, diese Redensart zu gebrauchen, ohne sich irgendeiner Entfernung vom Sinn der Sprache oder dem wahren Sachverhalt schuldig zu machen. Gebraucht man aber die Bezeichnung „g l e i c h“ in der Bedeutung der Philosophen, die einen abstrakten Begriff der Identität für sich in Anspruch nehmen, dann mag es, je nach ihren Erklärungen dieses Begriffes (denn es ist noch nicht festgesetzt, worin diese philosophische Identität besteht), möglich oder nicht möglich für verschiedene Personen sein, das gleiche Ding wahrzunehmen. Doch ob es Philosophen passend erscheint, ein Ding das *gleiche* zu nennen oder nicht, das ist meines Erachtens von geringer Bedeutung. Denken wir uns mehrere Menschen beisammen, die alle mit den gleichen Fähigkeiten begabt und infolgedessen auf dieselbe Weise durch ihre Sinne erregt wären, aber bisher nie den Gebrauch der Sprache gekannt hätten; diese würden doch unbestreitbar in ihren Wahrnehmungen übereinstimmen. Dennoch, wenn sie den Gebrauch der Sprache erlangten, möchten vielleicht einige im Hinblick auf die Gleichförmigkeit des Wahrgenommenen es das *gleiche* Ding nennen; andere, die besonderen Wert auf die Verschiedenheit der wahrnehmenden Personen legen, möchten die Benennung *verschiedene* Dinge wählen. Aber wer sieht nicht ein, daß das Ganze nur ein Streit um Worte ist? Nämlich ob auf das, was verschiedene Personen wahrnehmen, dennoch der Ausdruck *gleich* angewandt werden darf? Nehmen wir ferner ein Haus, dessen Mauern oder Außenseite unverändert stehen bliebe, während die Zimmer alle niedergerissen und neue an ihrer Stelle erbaut würden, und du nenntest es das *gleiche*, ich aber sagte, es sei nicht das *gleiche* Haus; würden wir nicht trotz alledem in unseren Vorstellungen des Hauses an sich betrachtet völlig übereinstimmen? Und bestünde nicht der ganze Unterschied in einem Schall? Solltest du sagen, unsere Begriffe weichen voneinander ab, weil du deiner Vorstellung des Hauses noch überdies die abstrakte Vorstellung] hinzufügtest, während ich es nicht täte, so würde ich dir erwidern, daß ich nicht weiß, was du unter der *abstrakten Vorstellung der Identität* verstehst, und würde dich auffordern, in deine eigenen Gedanken zu blicken und dich zu

] der Identität [Korrektur der Übersetzung durch den Herausgeber]

vergewissern, daß du dich selbst verstehst. — Warum so schweigsam, Hylas? Bist du noch nicht überzeugt, die Menschen könnten über Identität und Verschiedenheit streiten, ohne irgendwie in Gedanken und Meinungen, wenn man diese von den Worten loslöst, wirklich auseinanderzugehen? Nimm noch die Erwägung dazu: Ob das Dasein der Materie zugegeben wird oder nicht, so liegt der Fall für den vorliegenden Punkt ganz gleich. Geben doch die Materialisten selbst zu, das unmittelbar durch unsere Sinne Wahrgenommene seien unsere eigenen Vorstellungen. Deine Schwierigkeit, daß nicht zwei das gleiche Ding sehen können, trifft also ebensogut die Materialisten wie mich.

Hyl.: Aber sie setzen ein äußeres Urbild voraus, und da sie dasselbe auf ihre einzelnen Vorstellungen beziehen, so kann man mit Recht sagen, daß sie das gleiche Ding wahrnehmen.

Phil.: Ebenso darfst du (um nicht einmal zu erwähnen, daß du jene Urbilder längst preisgegeben hast) auf meine Grundsätze hin ein äußeres Urbild annehmen — ein *äußeres*, meine ich, für deinen eigenen Geist; freilich muß sein Dasein dann in jenen Geist versetzt werden, der alle Dinge begreift; aber so genügt es allen Ansprüchen der *Identität* genauso gut, als bestünde es außerhalb jedes Geistes. Ich bin sicher, du selbst wirst dies nicht unverständlich finden.

Hyl.: Du hast mich freilich klar überzeugt, daß entweder diese Frage im Grunde keine Schwierigkeit bietet oder aber daß diese Schwierigkeit für beide Meinungen gleichermaßen zutrifft.

Phil.: Aber das, was in gleicher Weise für zwei einander widersprechende Meinungen zutrifft, kann gegen keine von beiden einen Beweis abgeben. *

Hyl.: Zugegeben. Aber wenn ich nach alledem, Philonous, 19
den Kern deiner Einwände gegen den *Skeptizismus*

betrachte , läuft es auf weiter nichts hinaus als auf dies: Wir sind sicher, daß wir wirklich sehen, hören und fühlen, mit einem Wort, daß wir von sinnlichen Eindrücken erregt werden.

Phil.: Und was kümmert uns alles weitere? Ich sehe diese *Kirsche*, ich fühle, ich schmecke sie; und ich bin sicher, *nichts* kann nicht gesehen, gefühlt oder geschmeckt werden; folglich existiert sie *wirklich*. Nimm die Empfindungen des Weichen, Feuchten, Roten, Herben hinweg, und du nimmst die *Kirsche* hinweg. Da sie kein von den Empfindungen verschiedenes Wesen ist, so ist eine *Kirsche*, sage ich, nur ein Gemenge sinnlicher Eindrücke oder durch verschiedene Sinne wahrgenommener Vorstellungen; diese Vorstellungen werden durch den Geist zu einem Dinge verbunden (oder mit einem Namen belegt); denn man hat beobachtet, daß sie einander begleiten. So wird, wenn der Gaumen von einem besonderen Geschmack, der Gesichtssinn von roter Farbe, der Tastsinn von Rundheit, Weichheit usw. erregt. Daher kommt es, wenn ich sehe, fühle und schmecke, jedes in bestimmter Weise, daß ich sicher bin, die *Kirsche* existiert oder ist wirklich; ihre Wirklichkeit ist nach meiner Meinung nichts von diesen Empfindungen Abgesondertes. Doch wenn du mit dem Wort *Kirsche* eine unbekannte, von all jenen sinnlichen Qualitäten unterschiedene Natur meinst, und mit Dasein etwas von ihrem Wahrgenommenwerden Verschiedenes, dann freilich gebe ich zu, daß weder du noch ich noch irgend jemand ihres Daseins gewiß sein kann.

Hyl.: Doch was würdest du wohl sagen, Philonous, wenn ich genau die gleichen Gründe gegen das Dasein der sinnlichen Dinge in einem Geist anführen würde, die du gegen ihr Dasein in einem materiellen *Substrat* vorgebracht hast?

Phil.: Wenn ich deine Gründe erfahre, wirst du hören, was ich hierauf zu erwidern habe.

Hyl.: Ist der Geist ausgedehnt oder nicht ausgedehnt?

Phil.: Nicht ausgedehnt, ohne Zweifel.

Hyl.: Behauptest du, die Dinge, die du wahrnimmst, befinden sich in deinem Geist?

Phil.: Das tun sie.

Hyl.: Habe ich dich nicht andrerseits von sinnlichen Eindrücken reden hören?

Phil.: Vermutlich wohl.

Hyl.: Erkläre mir denn, bester Philonous, wie es möglich sein soll, daß für das Dasein all dieser Bäume und Häuser in deinem Geist Raum vorhanden ist. Können ausgedehnte Dinge in etwas enthalten sein, das unausgedehnt ist? Oder können wir uns denken, daß Eindrücke in ein Ding gemacht werden, das ohne jede Festigkeit ist? Du kannst nicht sagen, die Gegenstände seien in deinem Geist wie die Bücher in deinem Arbeitszimmer, noch daß Dinge deinem Geist eingeprägt werden, wie das Bild des Siegels dem Wachs. In welchem Sinne sollen wir denn also diese Ausdrücke verstehen? Erkläre mir dies, wenn du es vermagst, dann werde auch ich imstande sein, dir alle jene Fragen zu beantworten, die du mir früher über mein S u b s t r a t gestellt hast.

Phil.: Versteh mich recht, Hylas; wenn ich sage, Gegenstände existierten im Geist oder würden den Sinnen eingeprägt, so möchte ich nicht im grobwörtlichen Sinne verstanden werden — wie man von Körpern sagt, daß sie sich an einem Platz befinden oder daß ein Siegel Eindrücke auf Wachs macht. Meine Meinung ist nur die, daß der Geist sie begreift oder wahrnimmt und daß er von außen her erregt wird oder durch ein Wesen, das von ihm selbst verschieden ist. Dies ist meine Erklärung der Schwierigkeit, die du siehst; wie sie dienen soll, deine Auffassung von einem nicht wahrnehmenden materiellen *Substrat* verständlich zu machen, wüßte ich gern.

Hyl.: Nein, wenn das alles ist, sehe ich wahrlich nicht, was mir das nützen könnte. Aber tust du der Sprache hierin nicht etwas Gewalt an?

Phil.: Durchaus nicht; ich erlaube mir nichts anderes als was der gewöhnliche Gebrauch, der bekanntlich der Sprache die Regel gibt, längst eingeführt hat: ist es doch bei Philosophen stets üblich, von den unmittelbaren Gegenständen des Verstandes als von Dingen zu sprechen, die im Geist existieren. Auch schließe ich mich hierin völlig der gewöhnlichen Gleichnisform in der Sprache an; denn die Mehrzahl der geistigen Tätigkeiten wird mit Worten bezeichnet, die
* sinnlichen Dingen entlehnt sind; dies geht klar aus den Bezeichnungen *begreifen*, *überlegen*, *durchgehen* usw. hervor, die, auf den Geist bezogen, nicht in ihrem grob ursprünglichen Sinne gefaßt werden dürfen.

21 Hyl.: Du hast mich, ich gebe es zu, in dieser Frage zufriedengestellt. Doch weiß ich nicht, wie du über eine noch bleibende große Schwierigkeit hinwegkommen willst. Und wahrhaftig, sie ist von solcher Bedeutung, daß, könntest du auch alle übrigen Fragen lösen, du niemals erwarten darfst, mich zu deinen Grundsätzen zu bekehren, wenn du nicht imstande bist, für diese Frage eine Lösung zu finden.

Phil.: Teile mir diese gewaltige Schwierigkeit mit.

* Hyl.: Der Bericht über die Schöpfung in der Heiligen Schrift scheint mir mit deinen Anschauungen völlig unvereinbar zu sein. Moses erzählt uns von einer Schöpfung: eine Schöpfung von was? von Vorstellungen? Sicherlich nicht, sondern von Dingen, von wirklichen Dingen, von festen körperlichen Substanzen. Bringe deine Grundsätze hiermit in

Übereinstimmung, und dann werde ich vielleicht mit dir übereinstimmen.

Phil.: Moses erwähnt Sonne, Mond und Sterne, Erde und Meer, Pflanzen und Tiere. Daß diese wirklich vorhanden sind und am Anfang von Gott geschaffen wurden, stelle ich nicht in Frage. Wenn du unter Vorstellungen (ideas) Empfindungen (fictions) und Einbildungen (fancies) des Geistes verstehst, dann sind dies keine Vorstellungen. Verstehst du aber unter Vorstellungen unmittelbare Gegenstände des Verstandes oder sinnliche Dinge, die nicht unwahrgenommen oder außerhalb eines Geistes existieren können, dann sind diese Dinge Vorstellungen. Doch macht es wenig aus, ob du sie Vorstellungen nennen willst oder nicht. Der Unterschied liegt nur im Namen. Und ob dieser Name nun beibehalten oder verworfen wird, der Sinn, die Wahrheit und Wirklichkeit der Dinge bleiben dieselben. In der gewöhnlichen Redeweise werden die Gegenstände unserer Sinne nicht Vorstellungen, sondern Dinge genannt. Nenne sie weiter so — vorausgesetzt, daß du ihnen kein absolutes äußeres Dasein zuschreibst; ich werde gewiß niemals um ein Wort mit dir streiten. Der Schöpfung also gestehe ich zu, eine Schöpfung von Dingen, von wirklichen Dingen gewesen zu sein. Auch ist dies nicht im geringsten unvereinbar mit meinen Grundsätzen, wie aus dem eben Gesagten hervorgeht und dir ohnedies eingeleuchtet haben würde, hättest du nicht vergessen, was schon so oft früher gesagt worden ist. Hinsichtlich der festen körperlichen Substanzen hingegen fordere ich dich auf, mir zu zeigen, wo Moses dieselben erwähnt; und sollten sie von ihm oder sonst einem erleuchteten Schriftsteller erwähnt werden, so müßte noch immer der Nachweis erbracht werden, daß jene Worte nicht in der gewöhnlichen Bedeutung für Dinge, die in unsere Sinne fallen, gebraucht sind, sondern in der philosophischen Bedeutung für Materie oder ein unbekanntes Wesen

* (quiddity) *mit einem absoluten Dasein*. Hast du diese Punkte bewiesen, dann (aber nur dann) darfst du die Autorität des Moses in unseren Streit hineintragen.

Hyl.: Es ist vergeblich, über eine so klare Sache zu streiten. Ich begnüge mich damit, sie an dein eigenes Gewissen zu verweisen. Bist du nicht überzeugt, daß ein ganz besonderer Widerspruch zwischen dem Mosaischen Schöpfungsbericht und deinen Ansichten besteht?

Phil.: Wenn jeder erdenkliche mögliche Sinn, den man dem ersten Kapitel der Genesis unterlegen kann, sich in guter Übereinstimmung mit meinen Grundsätzen denken läßt, dann besteht kein besonderer Widerspruch mit ihnen. Nun gibt es aber keinen Sinn, den du nicht ebenso begreifen kannst, wenn du meinen Glauben teilst. Denn außer Seelenwesen erfaßt du nichts als Vorstellungen. Und deren Dasein leugne ich nicht. Auch behauptest du nicht, daß sie unabhängig vom Geist existieren.

Hyl.: Gib mir doch irgendeinen Sinn an, in dem du das Kapitel verstehen kannst.

Phil.: Nun, ich stelle mir vor, wenn ich bei der Schöpfung zugegen gewesen wäre, so hätte ich die Dinge entstehen sehen (produced into being) — d. h. wahrnehmbar werden — in der von dem heiligen Geschichtsschreiber angegebenen Reihenfolge. Ich habe früher stets an den Mosaischen Schöpfungsbericht geglaubt und finde auch jetzt, daß mein Glaube sich in seiner Art nicht geändert hat. Wenn wir von Dingen sagen, daß sie ihr Dasein anfangen oder enden, so meinen wir dies nicht in bezug auf Gott, sondern auf seine Geschöpfe. Alle Gegenstände sind in Ewigkeit Gott bekannt, oder was
* dasselbe besagt, haben ein ewiges Dasein in seinem Geist. Wenn aber Dinge, die vorher den Geschöpfen nicht wahrnehmbar waren, durch ein Gebot Gottes ihnen wahrnehmbar werden, dann sagt man, daß sie ein relatives Dasein beginnen, in bezug auf erschaffene Geister. Wenn ich den Mosaischen

Schöpfungsbericht nun lese, fasse ich ihn so auf, daß die verschiedenen Teile der Welt nach und nach endlichen, mit den geeigneten Fähigkeiten begabten Seelenwesen wahrnehmbar wurden; so daß sie von all solchen, die etwa zugegen waren, wirklich wahrgenommen worden sind. Dies ist der buchstäbliche klare Sinn, den ich den Worten der Heiligen Schrift entnehme, und mit keinem Gedanken wird hier ein Substrat, Werkzeug, eine Veranlassung, noch ein absolutes Dasein erwähnt. Und bei näherer Untersuchung würde sich, daran zweifle ich nicht, herausstellen, daß die meisten einfachen, ehrlichen Leute, die an die Schöpfung glauben, dabei ebensowenig an solche Dinge denken wie ich. In welchem metaphysischen Sinne du dieselbe nehmen magst, kannst nur du sagen.

Hyl.: Aber, Philonous, es scheint dir zu entgehen, daß du den erschaffenen Dingen im Anfang nur ein relatives und folglich bedingtes Dasein zugestehst, d. h. unter der Voraussetzung, daß Menschen da sind, um sie wahrzunehmen, ohne die ihr absolutes Dasein nicht zu der Wirklichkeit gelangt, auf welche die Schöpfung hinausläuft. Ist es also nicht nach deiner Auffassung offenbar unmöglich, daß die Erschaffung irgendwelcher unbeseelten Geschöpfe der des Menschen vorhergehen sollte? Widerspricht dies aber nicht geradezu dem Mosaischen Bericht?

Phil.: Hierauf erwidere ich zunächst, daß Geschöpfe ihr Dasein im Geist anderer erschaffener Verstandeswesen außer den Menschen beginnen könnten. Du kannst daher keinen Widerspruch zwischen Moses und meinen Begriffen nachweisen, es sei denn, du zeigtest zuerst, daß keine andere Gattung von endlichen geschaffenen Seelenwesen schon vor dem Menschen existierte. Weiter sage ich, wenn wir uns die Schöpfung so vorstellen, wie wir uns jetzt Pflanzen und Kräuter aller Art durch eine unsichtbare Macht in einer Wüste hervorgebracht denken, wo niemand anwesend ist — daß diese

Art der Erklärung oder Auffassung mit meinen Grundsätzen, da diese doch nichts Sinnliches oder Vorstellbares ausschließen, vereinbar ist, daß sie aber auch genau mit den gewöhnlichen natürlichen und unverdorbenen Ansichten der Menschen übereinstimmt, daß sie die Abhängigkeit aller Dinge von Gott offenbart und folglich all die guten Wirkungen und Einflüsse besitzt, der dieser wichtige Satz unseres Glaubens nur irgendwie haben kann, um die Menschen demütig, dankbar und ihrem Schöpfer ergeben zu machen. Ich sage über- * dies, daß sich in der nackten Auffassung dieser Dinge, wenn man sie der Worte entkleidet, keinerlei Begriff von dem findet, was du die *Wirklichkeit des absoluten Daseins* nennst. Du kannst freilich Staub mit diesen Ausdrücken aufwirbeln und unseren Streit zwecklos in die Länge ziehen. Aber ich ersuche dich, in Ruhe deine eigenen Gedanken zu prüfen und mir dann zu sagen, ob sie nicht nutzlose und unverständliche Redensarten sind.

Hyl.: Ich gebe zu, daß ich keinen sehr klaren Begriff mit ihnen verbinde. Aber was sagst du zu folgendem? Besteht für dich nicht das Dasein der sinnlichen Dinge darin, daß sie in einem Geist vorhanden sind? Und waren nicht alle Dinge von Ewigkeit in Gottes Geist? Existierten sie darum nicht von aller Ewigkeit an nach deiner Meinung? Und wie kann das, was ewig war, zeitlich erschaffen werden? Kann etwas wohl klarer und schlüssiger sein?

Phil.: Bist du denn nicht auch der Meinung, daß Gott alle Dinge von Ewigkeit her bekannt waren?

Hyl.: Gewiß.

Phil.: Folglich hatten sie doch immer ein Dasein im göttlichen Verstand.

Hyl.: Das gebe ich zu.

Phil.: Nach deinem eigenen Geständnis ist also nichts neu oder beginnt sein Dasein in bezug auf Gottes Geist. So sind wir also in dieser Frage einer Meinung.

Hyl.: Aber was sollen wir denn von der Schöpfung halten?

Phil.: Dürfen wir sie nicht gänzlich in bezug auf endliche Seelenwesen gelten lassen, daß man also von Dingen im Hinblick auf uns mit Recht sagen kann, sie begannen ihr Dasein oder wurden geschaffen, als Gott gebot, daß sie verständigen Geschöpfen wahrnehmbar wurden, und zwar in der Reihenfolge und Weise, die er damals aufstellte und die wir jetzt die Naturgesetze nennen? Du magst das ein r e l a t i v e s oder b e d i n g t e s Dasein nennen, wenn es dir beliebt. Solange es uns aber den natürlichsten, klarsten und buchstäblichsten Sinn der Mosaischen Schöpfungsgeschichte liefert, solange es alle religiösen Zwecke dieses großen Glaubenssatzes erfüllt, schließlich solange du statt dessen keinen anderen Sinn oder andere Deutung angeben kannst — weshalb sollten wir diese zurückweisen? Etwa um uns einer lächerlichen Zweifelslaune zu fügen, die alles unsinnig und unverständlich machen will? Gewiß kannst du nicht behaupten, es geschähe zum Ruhme Gottes. Denn selbst zugegeben, es sei möglich und faßbar, daß die körperliche Welt ein absolutes Dasein außerhalb des Geistes Gottes besäße ebenso wie außerhalb der Geister aller erschaffenen Seelenwesen — wie könnte dies wohl die Unermeßlichkeit oder Allwissenheit der Gottheit an den Tag legen oder die notwendige und unmittelbare Abhängigkeit aller Dinge von ihr? Ja, schiene es nicht eher diesen Attributen Abbruch zu tun?

Hyl.: Gewiß; aber was meinst du, Philonous, in bezug auf dieses Gebot Gottes, die Dinge wahrnehmbar zu machen — ist es nicht klar, daß Gott entweder dies Gebot von aller Ewigkeit her ausgeführt hat oder zu einer bestimmten Zeit das zu wollen begann, was er vorher nicht wirklich gewollt hat, sondern zu wollen nur beabsichtigte? Im ersteren Falle könnte es weder Schöpfung noch Anfang des Daseins für endliche Dinge geben. Im letzteren müssen wir zugestehen, daß der Gottheit etwas Neues begegnet; dies *

schließt eine Art Veränderung ein, und alle Veränderung
* deutet auf Unvollkommenheit.

Phil.: Überlege doch nur, wohin dich das führt. Ist es nicht offensichtlich, daß dieser Einwand gleichmäßig eine Schöpfung in jedem Sinne trifft, ja, jede andere Handlung der Gottheit, die man durch das natürliche Licht erkennt? Keine derselben können wir nämlich anders begreifen, als daß sie in der Zeit vollbracht wird und einen Anfang hat. Gott ist ein Wesen von überirdischen und unbegrenzten Vollkommenheiten; seine Natur ist also für endliche Seelenwesen unbegreiflich. Es ist demnach nicht zu erwarten, daß irgend jemand, sei er Materialist oder Immaterialist, ganz richtige Begriffe von der Gottheit, ihren Attributen und
* Wirkungsweisen (ways of operation) haben sollte. Willst du also irgend etwas gegen mich folgern, so darf dein Bedenken sich nicht aus der unvollkommenen Beschaffenheit unserer Begriffe von der göttlichen Natur herleiten — denn diese ist bei jeder Weltanschauung unvermeidlich — sondern von der Verneinung der Materie, von der sich in deinen jetzigen Einwänden weder mittelbar noch unmittelbar ein Wort findet.

Hyl.: Ich muß zugeben, daß du nur solche Bedenken zu beseitigen hast, die aus dem Nicht-Dasein der Materie entspringen und diesem Begriff eigentümlich sind. Soweit bist du im Recht. Aber ich kann mich in keiner Weise zu dem Glauben verstehen, daß nicht ein eigentümlicher Widerspruch zwischen der Schöpfung und deiner Ansicht besteht; worin ich ihn suchen soll, weiß ich allerdings nicht genau.

Phil.: Was willst du denn weiter? Erkenne ich nicht einen zweifachen Zustand der Dinge an, einen abbildlichen oder natürlichen und einen anderen urbildlichen und ewigen? Ersterer wurde in der Zeit erschaffen, letzterer existierte seit jeher im Geist Gottes. Stimmt dies nicht mit der gewöhnlichen Auffassung der Gottesgelehrten überein? Oder bedarf es mehr, um die Schöpfung zu begreifen? Doch du argwöhnst irgendeinen besonderen Widerspruch, obgleich du nicht weißt, wo er zu finden ist. Um aber jedes mögliche Bedenken in diesem Fall zu beseitigen, ziehe doch nur diesen Punkt in Betracht: Entweder bist du nicht imstande, die Schöpfung unter irgendwelcher Voraussetzung zu begreifen, und in diesem Falle kann man hieraus keinen Grund zur Abneigung oder Anklage gegen irgendeine besondere Meinung schöpfen; oder du bist imstande, sie zu begreifen, und warum dann nicht nach meinen Grundsätzen, da durch sie nichts Begreifliches ausgeschlossen ist? Dir ist die ganze Zeit hindurch der volle Gebrauch der Sinne, der Einbildungskraft und der Vernunft gestattet worden. Was du also bisher unmittelbar oder mittelbar auffassen konntest, durch deine Sinne oder durch vernünftige Folgerung aus deiner sinnlichen Erkenntnis, was immer du wahrnehmen, vorstellen oder verstehen konntest, bleibt dir noch. Wenn also die Ansicht, die du von der Schöpfung hast, nach anderen Grundsätzen verständlich ist, dann behältst du sie auch nach meinen bei; ist sie nicht verständlich, so halte ich sie überhaupt für keine Ansicht, und du hast nichts daran verloren. Und in der Tat scheint es mir völlig klar, daß die Annahme einer Materie, das heißt eines gänzlich unbekannten und unfaßlichen Dinges, nicht dazu dienen kann, uns irgend etwas begreiflich zu machen. Auch hoffe ich, braucht es dir nicht bewiesen zu werden, daß, wenn das Dasein der Materie die Schöpfung nicht begreiflich macht, es kein Einwurf gegen das Nichtsein der Materie sein kann, daß das Dasein der Schöpfung ohne sie unbegreiflich ist. *

Hyl.: Ich muß gestehen, Philonous, in dieser Frage der Schöpfung hast du mich fast überzeugt.

Phil.: Ich wüßte gern, warum du nicht völlig überzeugt bist. Du sprichst mir allerdings von einem Widerspruch zwischen der Mosaischen Geschichte und dem Immaterialismus; aber du weißt nicht, wo er zu finden ist. Ist dies vernünftig,

Hylas? Kannst du von mir erwarten, daß ich eine Schwierigkeit löse, ohne zu wissen, worin sie besteht? Aber, dies alles beiseite, muß man nicht denken, du glaubtest bestimmt, es bestünde kein Widerspruch zwischen den geläufigen Meinungen der Materialisten und den heiligen Schriftstücken?

Hyl.: Das glaube ich auch.

Phil.: Muß der geschichtliche Teil der Schrift in einem klaren, deutlichen Sinne verstanden werden oder in einem metaphysischen und entlegenen?

Hyl.: Im klaren Sinne, zweifellos.

Phil.: Wenn Moses von Kräutern, Erde, Wasser usw. als von Gott geschaffen spricht, glaubst du nicht, daß die sinnlichen Dinge, die man gewöhnlich mit diesen Worten bezeichnet, jedem unphilosophischen Leser einfallen werden?

Hyl.: Das glaube ich allerdings.

Phil.: Und wird nicht allen Vorstellungen oder durch die Sinne wahrgenommenen Dingen nach der Lehre der Materialisten ein wirkliches Dasein abgesprochen?

Hyl.: Das habe ich bereits zugegeben.

Phil.: Die Schöpfung war also nach deren Meinung nicht die Schöpfung von sinnlichen Dingen, die nur ein relatives Dasein haben, sondern von gewissen unbekannten Wesen, die ein absolutes Dasein haben, auf das die Schöpfung hinauskommen muß?

Hyl.: Recht so.

Phil.: Ist es also nicht offensichtlich, daß die Verteidiger der Materie den klaren, deutlichen Sinn der Worte Moses zerstören, mit dem ihre Begriffe durchaus unvereinbar sind, und uns statt dessen ich weiß nicht was aufdrängen, das ihnen selbst ebenso unverständlich ist wie mir?

Hyl.: Ich kann dir nicht widersprechen.

Phil.: Moses erzählt uns von einer Schöpfung. * Eine Schöpfung von was? Von unbekannten Wesen, von Veranlassungen oder einem S u b s t r a t ? Sicherlich nicht; sondern von

Dingen, die den Sinnen offenbar sind. Du mußt dies erst mit deinen Begriffen in Einklang bringen, ehe du erwarten kannst, daß ich mich mit ihnen in Einklang bringe.

Hyl.: Ich sehe, du kannst mich mit meinen eigenen Waffen angreifen.

Phil.: Was nun ein *absolutes Dasein* anlangt — hat es jemals einen so mageren Begriff gegeben? Es ist etwas so Abstraktes und Unverständliches, daß du offen eingestanden hast, es nicht begreifen, geschweige denn etwas dadurch erklären zu können. Doch selbst zugestanden, daß die Materie existiere und der Begriff des absoluten Daseins sonnenklar sei — ist es jemals gelungen, dadurch die Schöpfung glaubwürdiger zu machen? Haben nicht vielmehr die Atheisten und Ungläubigen aller Zeiten daraus die schlagendsten Beweise gegen eine Schöpfung erlangt? Daß eine körperliche Substanz, die ein absolutes Dasein unabhängig vom Geist der Seelenwesen führt, aus Nichts durch den reinen Willen *
einer seelischen Substanz hervorgebracht werden sollte, ist als aller Vernunft so zuwider angesehen worden, als so unmöglich, als so sinnlos, daß nicht nur die Berühmtesten unter den Alten, sondern selbst verschiedene neuere und christliche Philosophen die Materie für gleich ewig mit der Gottheit gehalten haben. Berücksichtige dies alles und dann beurteile, ob der Materialismus die Menschen geneigt macht, an die Schöpfung der Dinge zu glauben.

Hyl.: Ich muß gestehen, Philonous, es scheint mir nicht 22
so. Dieser Einwand von der *Schöpfung* ist der letzte, der mir einfällt, und ich kann mich dem nicht verschließen, daß du ihn ebenso befriedigend beantwortet hast wie die übrigen. Nun bleibt allein eine Art unerklärlichen Widerstrebens zu überwinden, das ich gegen deine Ansichten bei mir verspüre.

Phil.: Muß man, wenn jemand sich, ohne zu wissen warum, in einer Streitfrage auf eine Seite gedrängt fühlt, dies nicht als die Wirkung des Vorurteils ansehen, das alte und eingewurzelte Begriffe stets begleitet? Und gerade in dieser Hinsicht läßt sich nicht leugnen, daß der Glaube an die Materie bei Männern von gelehrter Bildung ein höheres Ansehen genießt als die entgegengesetzte Auffassung.

Hyl.: Gewiß scheint es so zu sein, wie du sagst.

Phil.: Als Gegengewicht zu dieser Last des Vorurteils laß uns darum die großen Vorteile in die Waagschale werfen, die aus dem Glauben des Immaterialismus für die Religion wie für die menschliche Wissenschaft entspringen. Werden nicht das Dasein eines Gottes und die Unzerstörbarkeit der Seele, diese großen Hauptstücke der Religion, mit der klarsten und unmittelbarsten Gewißheit bewiesen? Wenn ich sage: das Dasein eines G o t t e s, meine ich nicht eine dunkle allgemeine Ursache der Dinge, von der wir keinen Begriff haben, sondern G o t t, im strengen und eigentlichen Sinne des Wortes, ein Wesen, dessen Geistigkeit, Allgegenwart, Vorsehung, Allwissenheit, unendliche Macht und Güte so in die Augen fallen, wie das Dasein der sinnlichen Dinge, an dem (trotz der trügerischen Vorspiegelungen und angenommenen Bedenken der Skeptiker) nicht mehr Grund zu zweifeln ist als an unserem eigenen Dasein. — Was nun die menschlichen Wissenschaften anlangt: zu welchen Verwicklungen, Dunkelheiten, Widersprüchen hat nicht in der Naturphilosophie der Glaube an die Materie geführt! Ganz zu schweigen von den zahllosen Streitigkeiten über deren Ausdehnung, Stetigkeit, * Gleichartigkeit, Schwere, Teilbarkeit usw. — will man nicht alles dadurch erklären, daß Körper auf Körper wirken nach den Gesetzen der Bewegung? Und ist man dabei zu begreifen imstande, wie ein Körper den anderen bewegen kann? Ja, selbst zugestanden, es mache keine Schwierigkeit, den Begriff von einem untätigen (inert) Wesen mit einer Ursache in Einklang zu bringen oder zu begreifen, wie ein Akzidenz von einem Körper auf einen anderen übergehen sollte —

hat man denn mit all den überspannten Annahmen und übertriebenen Vermutungen die mechanische Entstehung irgendeines Tieres oder Pflanzenkörpers darstellen können? Kann man durch die Bewegungsgesetze über Töne, Geschmäcke, Gerüche, Farben oder den regelmäßigen Ablauf der Dinge Rechenschaft geben? Hat man es vermöge der physikalischen Grundsätze etwa für die Angemessenheit und planvolle Einrichtung auch der unbedeutendsten Teile des Weltalls getan? Lassen wir dagegen Materie und körperliche Ursachen beiseite und nehmen wir nur die Wirksamkeit eines allvollkommenen Geistes an, werden dann nicht alle Wirkungen der Natur leicht verständlich? Sind die Erscheinungen nichts anderes als Vorstellungen: Gott ist ja ein seelisches, aber die Materie ein ungeistiges, nicht wahrnehmendes Wesen. Lassen sie auf eine unbegrenzte Kraft in ihrer Ursache schließen: Gott ist ja tätig und allmächtig, aber die Materie eine träge Masse. Wenn ihre Ordnung, Regelmäßigkeit und Zweckdienlichkeit nie genügend bewundert werden kann: Gott ist ja unendlich weise und vorsehend, die Materie aber ohne alle Pläne und Absichten. Dies sind sicherlich große Vorzüge für die Physik. Ich erwähne nicht einmal, daß die Auffassung von einer entfernten Gottheit die Menschen naturgemäß zur Nachlässigkeit in ihren sittlichen Handlungen verleitet, worin sie achtsamer sein würden, wenn sie sich Gott unmittelbar gegenwärtig und ohne die Vermittlung der Materie oder ungeistiger zweiter Ursachen auf ihren Geist wirkend dächten. — In der Metaphysik nun: Welchen Schwierigkeiten in bezug * auf das abstrakte Wesen, auf die substantiellen Formen, die hylarchischen Grundsätze, die plastischen Naturen, von Substanz und Akzidenz, des Prinzips der Individuation, der Möglichkeit von Bewußtsein in der Materie, des Ursprungs der Vorstellungen, der Art, wie zwei unabhängige so himmelweit verschiedene Substanzen wie seelische und materielle wechselseitig aufeinander wirken sollten — welchen Schwierigkeiten, sage ich, und endlosen Grübeleien auf diesen und zahllosen anderen ähnlichen Punkten entgehen wir nicht, wenn wir nur Seelenwesen und Vorstellungen annehmen? — Selbst die M a t h e m a t i k wird klarer und leichter, wenn wir das absolute Dasein ausgedehnter Dinge fallen lassen; beruhen doch die unsinnigsten Paradoxien und verwickeltsten Gedankengänge in jener Wissenschaft auf der unendlichen Teilbarkeit der endlichen Ausdehnung, die * wiederum auf dieser Annahme beruht. — Doch wozu auf die einzelnen Wissenschaften Gewicht legen? Erhebt sich nicht jener Widerspruch gegen alle Wissenschaft überhaupt, jener Wahnwitz der alten und neueren Skeptiker auf derselben Grundlage? Oder kannst du auch nur einen Beweisgrund gegen die Wirklichkeit körperlicher Dinge oder zugunsten jener verkündeten völligen Unwissenheit über ihre Naturen anführen, der ihre Wirklichkeit nicht in ein äußeres absolutes Dasein setzt? Unter dieser Voraussetzung muß man allerdings den Einwänden aus dem Wechsel der Farben am Hals der Taube oder der Erscheinung des gebrochenen Ruders im Wasser Gewicht zugestehen. Aber diese und ähnliche Einwürfe werden zunichte, wenn wir das Vorhandensein absoluter, äußerer Urbilder fallen lassen und die Wirklichkeit der Dinge in Vorstellungen setzen, in fließende zwar und veränderliche; — aber doch nicht willkürlich verändert, sondern nach der festen Naturordnung. Denn hierin liegt jene Beständigkeit und Wahrheit der Dinge, die allen Angelegenheiten des Lebens Sicherheit gewährt und das, was w i r k l i c h ist, von den regellosen Gebilden der Einbildungskraft unterscheidet.

Hyl.: Allem eben Gesagten stimme ich zu und gestehe, daß nichts mich zur Annahme deiner Meinung geneigter machen kann als die Vorteile, die ich mit ihr verbunden sehe. Von Natur bin ich träge, und sie würde der Erkenntnis den

Weg gewaltig verkürzen. Welche Zweifel, welche Annahmen, welche Irrgärten der Spielerei, welch ein Feld der Wortgefechte, welch ein Meer falscher Gelehrsamkeit können durch diesen einen Begriff des *Immaterialismus* vermieden werden!

Phil.: Bleibt nun eigentlich noch etwas zu erledigen? Du erinnerst dich wohl deines Versprechens, diejenige Meinung anzunehmen, die, wie sich nach genauerer Prüfung herausstellen sollte, dem gesunden Menschenverstand am meisten entspricht und vom Skeptizismus so weit wie möglich entfernt ist. Das ist nun nach deinem eigenen Geständnis diejenige, die die Materie oder das absolute Dasein körperlicher Dinge leugnet. Und dies ist noch nicht einmal alles; dieselbe Anschauung ist auf mehreren Wegen bewiesen, in verschiedenen Beleuchtungen betrachtet worden, ihren Folgerungen ist nachgegangen und alle Einwände gegen sie sind weggeräumt worden. Kann es eine stärkere Gewißheit von ihrer Wahrheit geben? Oder ist es möglich, daß sie alle Kennzeichen einer wahren Meinung haben und doch falsch sein könne?

Hyl.: Augenblicklich erkläre ich mich in jeder Hinsicht für 23
völlig überzeugt. Aber welche Sicherheit bietet sich mir, daß ich bei dieser vollen Zustimmung zu deiner Meinung weiterhin bleiben werde und später keine unvorhergesehenen Einwände oder Schwierigkeiten auftauchen?

Phil.: Hältst du wohl in anderen Fällen, Hylas, wenn ein Punkt dir einmal deutlich bewiesen ist, deine Zustimmung wegen Einwänden u. Schwierigkeiten zurück, denen er unterworfen sein mag? Sind dir die Schwierigkeiten, die den Lehrsätzen von den inkommensurablen Größen, den Berührungswinkeln, von den Asymptoten der Kurven oder ähnlichen anhaften, ein hinreichender Grund, dich gegen den mathematischen Beweis zu sträuben? Oder willst du den Glauben an die göttliche Vorsehung fahren lassen, weil du irgend etwas Besonderes nicht mit ihr zu vereinigen weißt? Gibt es Schwierigkeiten, die dem Immaterialismus anhaften, so gibt es gleichzeitig unmittelbare und deutliche Beweise für ihn. Für das Dasein der Materie dagegen gibt es nicht einen Beweis, und weit zahlreichere und unüberwindlichere Einwände liegen dagegen vor. Wo sind denn aber diese gewaltigen Schwierigkeiten, auf die du Gewicht legst? Ach, du weißt selbst nicht, wo oder was sie sind; etwas, das möglicherweise später auftauchen könnte! Wenn dies ein genügender Vorwand ist, deine volle Zustimmung zurückzuhalten, so dürftest du nie einem Satz beipflichten, sei er auch noch so frei von Ausnahmen, noch so klar und gründlich bewiesen.

Hyl.: Du hast mich überzeugt, Philonous.

Phil.: Doch um dich gegen alle zukünftigen Bedenken zu waffnen, erwäge nur dies: Was gleich stark gegen zwei widersprechende Meinungen streitet, kann gegen keine als Beweis gelten. Taucht also irgendeine Schwierigkeit auf, versuche unter der Voraussetzung der Materialisten für sie eine Lösung zu finden. Laß dich nicht durch Worte täuschen, sondern gehe deinen eigenen Gedanken auf den Grund. Und wenn dir die Hilfe des Materialismus den Fall nicht leichter begreiflich macht, so ist es klar, daß er kein Einwand gegen den Immaterialismus sein kann. Wärest du von Anfang an nach dieser Regel verfahren, so hättest du dir wahrscheinlich eine Menge Mühe im Aufwerfen von Einwänden erspart; denn ich fordere dich auf, mir unter all deinen Bedenken ein einziges zu zeigen, das durch die Annahme der Materie beseitigt würde, ja, das nicht noch unerklärlicher mit als ohne diese Voraussetzung wäre und folglich eher dagegen als dafür spräche. Du mußt in jedem einzelnen Fall erwägen, ob die Schwierigkeit dem Nichtsein der Materie entspringt. Tut sie das nicht, so könntest du ebensowohl von der unendlichen Teilbarkeit der Ausdehnung gegen das göttliche Vorherwissen wie von solch einer

Schwierigkeit gegen den Immaterialismus schließen. Doch glaube ich, du wirst, wenn du zurückblickst, finden, daß wir uns sehr oft, wo nicht immer, in solcher Lage befunden haben. Ebenso mußt du dich hüten, deine Beweise auf eine petitio principii zu stellen. Man ist zu sagen geneigt, die unbekannten Substanzen müßten eher für wirkliche Dinge erachtet werden als die Vorstellungen in unserem Geist; und wer will bestreiten, daß die ungeistigen äußeren Substanzen bei der Hervorbringung unserer Vorstellungen als Ursache oder Werkzeug mitwirken könnten? Aber heißt das nicht von der Voraussetzung ausgehen, daß es solch äußere Substanzen gibt? Und nimmt diese Voraussetzung nicht die Lösung der Frage vorweg? Vor allem aber solltest du dich vorsehen, dich nicht durch jenes gewöhnliche Sophisma zu betrügen, das man ignoratio elenchi nennt. Du redest oft so, als ob du glaubtest, ich behaupte das Nichtsein der sinnlichen Dinge: während in Wahrheit niemand völliger von ihrem Dasein überzeugt sein kann als ich, und du es bist, der zweifelt, ich sollte sagen, sie mit Bestimmtheit verneint. Alles, was gesehen, gefühlt, gehört, oder irgendwie durch die Sinne wahrgenommen wird, ist nach den von mir vertretenen Grundsätzen ein wirkliches Wesen, aber nicht nach den deinen. Bedenke, die Materie, für die du streitest, ist ein unbekanntes Etwas (wenn man sie überhaupt als ein Etwas bezeichnen kann), die aller sinnlichen Qualitäten entkleidet ist und weder durch die Sinne wahrgenommen noch durch den Geist erfaßt werden kann. Bedenke, sage ich, daß sie kein Gegenstand ist, der hart oder weich, warm oder kalt, blau oder weiß, rund oder eckig usw. wäre; denn all diesen Dingen spreche ich das Dasein zu. Allerdings leugne ich hingegen, daß sie ein von ihrem Wahrgenommenwerden verschiedenes Dasein führen oder daß sie außerhalb jeglichen Geistes existieren. Denke über diese Punkte nach, erwäge sie aufmerksam und behalte sie weiterhin im Auge. Sonst wirst du die Fragestellung nicht verstehen; und tust du das nicht, würden deine Einwände immer weit vom Ziel abirren und möglicherweise statt gegen die meinen sich gegen deine eigenen Ansichten richten (wie es mehr als einmal geschehen ist).

Hyl.: Ich muß freilich gestehen, Philonous, nichts scheint mich so davon abgehalten zu haben, dir beizupflichten, wie gerade dies Mißverstehen der Streitfrage. Auf den ersten Blick bin ich versucht zu glauben, daß du mit der Ableugnung der Materie die Dinge, die wir sehen und fühlen, ableugnest, finde aber bei näherer Erwägung keinen Grund dafür. Was meinst du nun, wenn wir den Namen Materie beibehielten und ihn auf sinnliche Dinge anwendeten? Dies könnte ohne jeden Wechsel in deiner Gesinnung geschehen; und glaube mir, es wäre ein Mittel, manchen mit ihr zu versöhnen, der mehr Anstoß an einer Neuerung in den Worten als in der Meinung nimmt.

Phil.: Herzlich gern; behalte das Wort Materie bei, und wende es auf die Gegenstände der Sinne an, wenn du Lust hast, vorausgesetzt, daß du ihnen kein selbständiges, von ihrem Wahrgenommenwerden unterschiedenes Dasein zuschreibst. Nie werde ich mit dir um einen Ausdruck streiten. Materie oder materielle Substanz sind Bezeichnungen, die die Philosophen eingeführt haben; und wie diese sie gebrauchen, schließen sie eine Art von Unabhängigkeit oder selbständigem Dasein ein, verschieden davon, daß sie von einem Geist wahrgenommen werden; das einfache Volk gebraucht sie nie, oder höchstens, um die unmittelbaren Gegenstände der Sinne zu bezeichnen. Man sollte demnach glauben, solange die Benennungen aller Einzeldinge, dazu die Ausdrücke sinnlich, Substanz, Körper, Stoff und ähnliche beibehalten werden, würde das Wort Materie in der gewöhnlichen Unterhaltung nie vermißt werden. Und in philosophischen Erörterungen (discussions) tut man wohl am besten, es ganz auszulassen; denn vielleicht hat nichts den verderbten Hang des Geistes zum Atheismus mehr begünstigt und gestärkt als der Gebrauch dieses allgemeinen und verworrenen Ausdrucks.

Hyl.: Ja aber, Philonous, da ich mich einverstanden erkläre, den Begriff einer ungeistigen Substanz außerhalb des Geistes aufzugeben, so solltest du, meine ich, mir das Vorrecht nicht bestreiten, das Wort *Materie* nach meinem Belieben zu gebrauchen und es auf eine Gruppe sinnlicher Qualitäten, die nur im Geist wirkliches Dasein haben, anzuwenden. Ich erkenne rückhaltlos an, daß es im strengen Sinne keine andere Substanz gibt als die *seelische*. Ich bin aber schon so lange an den Ausdruck *Materie* gewöhnt, daß ich nicht weiß, wie ich auf denselben verzichten soll. Die Behauptung, es gibt keine *Materie* in der Welt, erregt immer noch Anstoß bei mir. Dagegen zu sagen, es gibt * keine *Materie*, wenn unter diesem Ausdruck eine ungeistige Substanz, die unabhängig vom Geist existiert, verstanden wird; aber wenn unter *Materie* ein sinnliches Ding, dessen Dasein im Wahrgenommenwerden besteht, verstanden wird, dann gibt es Materie — diese Unterscheidung gibt der Sache ein ganz anderes Aussehen, und man wird sich ohne große Schwierigkeit in deine Begriffe finden, wenn sie auf diese Weise vorgetragen werden. Denn schließlich bewegt sich der Streit über *Materie* in ihrer strengen Bedeutung einzig zwischen dir und den Philosophen; und deren Grundsätze, das gebe ich zu, sind nicht annähernd so natürlich oder dem gewöhnlichen Menschenverstand und der Heiligen Schrift so angemessen wie die deinigen. Denn nur insofern wünschen oder scheuen wir überhaupt irgend etwas, als es einen Teil unseres Glückes oder Elends ausmacht oder auszumachen verspricht. Was hat aber Glück oder Elend, Freude oder Kummer, Lust oder Unlust mit einem absoluten Dasein zu tun oder mit einem unbekannten, von aller Beziehung auf uns losgelösten Wesen? Es leuchtet ein, daß die

Dinge uns nur insoweit angehen, wie sie uns gefallen oder mißfallen: und sie können uns nur insoweit gefallen oder mißfallen, wie sie wahrgenommen werden. Darüber hinaus also werden wir nicht betroffen; und so weit läßt du ja die Dinge, wie du sie vorgefunden hast. Dennoch liegt etwas Neues in dieser Lehre. Sicherlich denke ich jetzt nicht wie die Philosophen und doch auch nicht ganz wie das Volk. Ich möchte wissen, wie in dieser Hinsicht die Sache liegt; näher ausgedrückt, um was du meine früheren Begriffe bereichert oder was du an ihnen geändert hast.

24 Phil.: Ich erhebe keineswegs den Anspruch, neue Ansichten aufgestellt zu haben. Meine Bemühungen sind nur darauf gerichtet, die Wahrheit, von der bisher das Volk und die Philosophen je nur einen Teil besaßen, in eins zu fassen und in ein helleres Licht zu setzen: denn ersteres war der Meinung, *daß jene Dinge, die man unmittelbar wahrnimmt, die wirklichen Dinge sind*, und die letzteren, *daß die unmittelbar wahrgenommenen Dinge Vorstellungen sind, die nur im Geist existieren*. Diese zwei Sätze bilden zusammengefaßt in der Tat den Kern dessen, was ich aufstelle.

Hyl.: Ich habe lange Zeit meinen Sinnen mißtraut; mir scheint, ich sah die Dinge in trübem Licht und durch trügerische Gläser. Nun sind die Gläser entfernt, und ein neues Licht erhellt nun meinen Verstand. Ich bin überzeugt, daß ich die Dinge in ihren ursprünglichen Gestalten sehe, und bin nicht länger in Sorge um ihre *unbekannte Natur* oder ihr *absolutes Dasein*. In diesem Zustand befinde ich mich gegenwärtig; den Weg freilich, der mich dahin geführt hat, begreife ich noch nicht völlig. Du gingst von denselben Grundsätzen aus wie gewöhnlich die Akademiker, Cartesianer und ähnliche Sekten, und lange Zeit sah es so
* aus, als ob du ihren philosophischen Skeptizismus verträtest;

aber am Ende sind deine Schlüsse den ihrigen direkt entgegengesetzt.

Phil.: Sieh dort, Hylas, das Wasser des Springbrunnens, wie es in einer runden Säule aufzusteigen gezwungen ist, bis zu einer bestimmten Höhe; dort bricht es sich und fällt in das Becken, dem es entstieg, zurück: sein Aufstieg sowohl wie sein Fall entspringen dem nämlichen gleichförmigen Gesetz oder dem Prinzip der S c h w e r k r a f t. Genauso bringen die gleichen Grundsätze, die auf den ersten Blick zum Skeptizismus führen, bis zu einem bestimmten Punkt verfolgt, den Menschen zum gesunden Menschenverstand zurück. *

ANMERKUNGEN

3, 1. Diese Widmung steht nur in den Ausgaben von 1713 und 1725, nicht in der Ausgabe von 1734. – „Lord Berkeley von Stratton" ist William Berkeley (ca. 1663–1741). George Berkeley war am englischen Hof durch Swift mit Lord Berkeley bekannt gemacht worden. Es ist unsicher, ob beide Familien verwandt waren.

5, 1. Dieses Vorwort kommt nur in den Ausgaben von 1713 und 1725, nicht in der Ausgabe von 1734 vor.

5, 22. „Skeptizismus und Paradoxe": Die Feststellung, daß eine Ansicht paradox sei, bedeutet für Berkeley nicht nur, daß sie der alltäglichen, oberflächlichen Auffassung entgegensteht, sondern daß sie zu verwerfen ist, weil sie dem Common Sense (gesunden Menschenverstand) widerspricht. Berkeley glaubt, daß seine Philosophie sich von der Philosophie der Gelehrten entferne und dem Common Sense entspreche (s.S.10). Allerdings muß er dann zugeben, daß die allgemeine Auffassung der meisten Menschen nicht dem gesunden Menschenverstand entspricht (s.S.108). Der Skeptizismus als das angebliche Ergebnis der verfehlten Gelehrtenphilosophie tritt bei Berkeley oft in Verbindung mit dem Vorwurf, zu Paradoxen zu führen, auf (s.S.10f.). Ein anderer abwertender Ausdruck Berkeleys ist „sinnlos (absurd)" (s. Anm. zu S.11).

6, 18. Teil II des von Berkeley geplanten Werkes, der die Ethik, Willens- und Geistlehre enthalten sollte (s. Philos. Tagebuch Nr. 508 u. 878), ist nie erschienen. Berkeley schrieb später darüber in einem Brief, daß er das Manuskript in Italien verloren habe.

7, 14. Zu Berkeleys Auffassung über den Zweck des Philosophierens s. das Ende der Dialoge (S.147 Springbrunnengleichnis, vgl. auch S.97). Vgl. L. Wittgenstein, Philos. Untersuchungen, Teil I § 124: „Sie (sc. die Philosophie) läßt alles, wie es ist."

7, 26. „Libertins" oder „Freidenker": z. B. John Toland (1670–1722) und Anthony Collins (1676–1729). Dazu G. Gawlick, Artikel „Freidenker" in: Histor. Wörterbuch d.Philos., hrsg. v. J. Ritter, Bd. 2, Basel 1972, Sp. 1062f. – Zu Berkeleys Differenzierung bzgl. des Zwangs der Religion und der Regierung einerseits und der Freiheit der Philosophie und Wissenschaft andererseits s.S.118.

8, 22. Auch A. Schopenhauer (Die Welt als Wille und Vorstellung. Vorrede zur ersten Auflage) fordert den Leser auf, sein Werk zweimal zu lesen.

8, 25. Essay towards a New Theory of Vision. Dublin 1709 (Versuch einer neuen Theorie der Gesichtswahrnehmung, übers. v. R. Schmidt, hrsg. v. P. Barth, Leipzig 1912).

9, 28. Die verhaltene Ironie dieses Dialoganfangs liegt darin, daß der Materialist Hylas als Stubenhocker oder träger (S.140) Langschläfer geschildert wird, der die Unterhaltung mit einem gebildeten Menschen (geistigen Wesen) sucht, während der Idealist Philonous die Schönheit der Natur, d. h. der realen Dinge, wahrnimmt und bewundert. Philonous kommt im zweiten Dialog im Rahmen seines Gottesbeweises auf die Schönheit der Natur zurück (S.68ff.).

11, 9. „Sinnloses oder Zweifelhaftes (absurd or sceptical)": Berkeley verwirft Ansichten mit dem Hinweis darauf, daß sie absurd (sinnlos oder widersinnig), paradox (dem Common Sense entgegengesetzt) oder zum Skeptizismus führend seien (s. Anm. zu S.5,Z.22). Kriterien dafür, daß eine Ansicht absurd bzw. paradox ist, gibt Berkeley nicht an.

13, 2. Wie die Einleitung in die „Prinzipien der menschlichen Erkenntnis" mit der Ablehnung der allgemeinen abstrakten Vorstellungen zeigt, darf diese Stelle hier nicht rationalistisch mißverstanden werden. Die für die wissenschaftliche Erkenntnis benötigte Allgemeinheit kommt nach Berkeleys Auffassung nicht durch Vorstellungen zustande, die *allgemein* und von allem Einzelnen *abgesondert* sind, sondern dadurch, daß *einzelne* Vorstellungen repräsentativ für mehrere Vorstellungen stehen (Prinzipien der menschlichen Erkenntnis, Einleitung § 15).

13, 29. „Geist (mind)": In den Ausgaben von 1713 und 1725 stand „Gedanken (thoughts)."

14, 14. Johann Christian Eschenbach machte in seiner ersten deutschen Übersetzung der Dialoge (Sammlung der vornehmsten Schriftsteller ..., Rostock 1756, S.21 Anm.9) den Einwand, eine Ursache könne ein sinnliches Ding sein (z. B. der Uhrmacher als Ursache der Uhr). Dabei verkennt er, daß man *in* der unmittelbaren Wahrnehmung der Uhr nicht auch den Uhrmacher wahrnimmt. Berkeley besteht nur darauf, daß die Verknüpfung von Ursache und Verursachtem keine *wahrgenommene*, sondern eine *erschlossene* Verknüpfung ist. Allerdings hätte Berkeley nicht behaupten dürfen, daß die Ursache kein sinnliches Ding sein *könne*.

14, 32. Zur Unterscheidung von sinnlichem Perzipieren und auf den Verstand gegründetem Urteilen oder Ableiten s. auch The New

Theory of Vision Vindicated (Die Theorie der Gesichtswahrnehmung verteidigt) § 42.

20, 24. Die folgenden Argumente entsprechen denen in „Prinzipien der menschlichen Erkenntnis" §§ 14 u. 15.

29, 9. Zur Funktion des Mikroskops in den Dialogen s. B. Silver, The Conflicting Microscopic Worlds of Berkeley's *Three Dialogues*, Journal of the History of Ideas 37, 1976, 343–349.

30, 16. Vgl. Philos. Tagebuch (Nr. 116 u. 271) und „New Theory of Vision" (§§ 80–86) über „mikroskopische Augen".

30, 27. „Gelbsucht (jaundice)": Bei dieser Krankheit sieht der Kranke gelb aus; in seltenen Fällen soll dazukommen, daß der Kranke alles gelb sieht. In der Literatur des 17. und 18. Jhs. wird dieses Symptom, das Descartes im „Discours de la méthode" (IV § 8) erwähnt, wiederholt herangezogen.

33, 27. Berkeley sieht das Problem nicht darin, daß das Unsichtbare nicht bekannt sein könne, wie ihm Georg Mende in seiner Anmerkung zu dieser Passage unterstellt, sondern darin, daß die un*sicht*baren Bewegungen die wirklichen *Farben* sein könnten. „Unsichtbare Farben" enthält für Berkeley einen Widerspruch. Das Wort „unbekannt" ist für den Kern der Berkeleyschen Argumentation hier irrevelant.

34, 8. Z. B. Descartes, Meditationes III § 19, Principia philosophiae I § 69; Malebranche, Recherche de la vérité VI, II § 2; Locke, Essay concerning Human Understanding II, 8 § 9 f.

35, 16. Der Vergleich mit der Milbe wird auch in „New Theory of Vision" §§ 80 u. 81 verwendet.

35, 31. „eine sinnlose Vorstellung (absurd to imagine)": „absurd, sich so etwas einzubilden."

37, 18. „Substrat": Berkeley verwendet als Zeichen seiner Anspielung auf die traditionelle Philosophie das lateinische Wort „substratum".

38, 8. Vgl. Philos. Tagebuch Nr. 1–16.

38, 26. Vgl. Philos. Tagebuch Nr. 78, 105, 106, 114, 533', 840.

39, 22. Z. B. Descartes und Locke.

40, 15. „irgendwo": Anspielung auf Newtons „Principia mathematica" (Opera, ed. S. Horsley, London 1779–1785, Nachdr. Stuttgart-Bad Cannstatt 1964, t. II, p. 6, Scholium ad Def. VIII. – Mathem. Prinzipien, hrsg. v. J. Ph. Wolfers, Berlin 1872, Nachdr. Darmstadt 1963, S. 25f.). Vgl. Philos. Tagebuch Nr. 30; Prinzipien der menschlichen Erkenntnis § 110.

41, 10. Mit diesem Grundsatz beginnt Locke seine Behandlung

der allgemeinen Ausdrücke (Essay Concerning Human Understanding III, 3 § 1). Vgl. Anm. S. 13, Z. 2.

42, 18. Vgl. Prinzipien der menschlichen Erkenntnis, Einleitung § 16.

45, 4. Berkeley leugnet also nicht die Realität der sinnlichen Dinge, er gibt sogar zu, daß sie unabhängig von jedem *menschlichen* Geist existieren können, aber er leugnet ihre Unabhängigkeit von jedem Geist überhaupt. Vgl. S. 105 und Prinzipien der menschlichen Erkenntnis § 35.

45, 18. Über die Aktivität des Geistes im Gegensatz zur Passivität der Vorstellungen s. Philos. Tagebuch unter den Stichworten „aktiv", „Operation des Geistes" und „handeln." Prinzipien der menschlichen Erkenntnis § 25ff.

46, 34. Vgl. Prinzipien der menschlichen Erkenntnis § 29.

48, 13. „vernünftige Überlegung": „reflection and reason". Vgl. Anm. zu S. 59, Z. 13.

50, 28. „die durch sich oder durch anderes bestimmt wäre": „neither relative nor positive".

51, 32. Zur Kritik des Folgenden s. Bernard Williams, Probleme des Selbst, übers. v. J. Schulte, Stuttgart 1978, S. 47–77. Auch André Gallois: Berkeley's Master Argument. Philosophical Review 83 (1974), 55ff.

52, 26. Diese Stelle fand ihren Niederschlag in zwei wiederholt zitierten Limericks von Ronald Knox, die übersetzt etwa so lauten: „Es war ein Mann, der sagte: ‚Gott / muß es doch scheinen wie ein Spott, / soll jenes Bäumelein / noch vorhanden sein, / wenn niemand lebt ringsum im Schrott.' / ‚Mein Herr, Ihr Staunen ist nur Spott. /*Ich* bin immer auch im Schrott. / So kann das Bäumelein / noch vorhanden sein, / denn immer sieht's Ihr treuer Gott.' " (Philosophic Classics, ed. Walter Kaufmann, II, Englewood Cliffs, N. J., 2nd Ed. 1968, p. 237).

54, 10. Anmerkung in der Ausgabe von 1734: „Siehe den Versuch über eine neue Theorie des Sehens und seine Verteidigung".

54, 29. Diese Stelle bezieht sich auf das von Berkeley oft (z. B. auch S. 58) berührte sogenannte Molyneux-Problem (s. Philosophisches Tagebuch Nr. 32 u. 49 mit weiteren Hinweisen ebda. in Anm. 32). William Molyneux hatte die Frage, ob ein zum Sehen gebrachter Blinder allein aufgrund des Sehens eine Kugel neben einem Würfel als Kugel erkennen würde, an John Locke gestellt, um den Zusammenhang zwischen unseren Sinnesvermögen zu klären. Literatur: Désirée Park, Locke and Berkeley on the Molyneux Problem. Journal of the History of Ideas 30, 1969, 253–260. – Judith Jarvis Thomson, Molyneux's Problem. The Journal of Philosophy 71, 1974, 637–650. – Michael J. Morgan, Molyneux's Question. Cambridge etc. 1977.

55, 9. Vgl. Philos. Tagebuch Nr. 58, 95, 196, 215. New Theory of Vision § 2.

56, 3. „erfahren": „know" bedeutet auch „wissen".

56, 6. „nicht im Bereich unserer Untersuchung": Gemeint ist das im Augenblick diskutierte Problem, nämlich das Dasein der sinnlich unmittelbar wahrgenommenen Dinge. Die Frage nach der Ursache der Vorstellungen wird erst im zweiten Dialog (S. 76ff.) eingehend behandelt.

56, 21. „nicht ... existieren": In der Ausgabe von 1734 steht „do not exist". In den Ausgaben von 1713 und 1725 stand „nicht ... existieren können (cannot exist)".

58, 23. S. Anm. zu S. 54, Z. 29.

59, 10. „durch die Sinne oder durch Vernunft und Überlegung": „by sense, or by reason and reflexion". Nach Locke (Essay Concerning Human Understanding II, 1 §§ 2–4) haben wir alle unsere Bewußtseinsinhalte nur durch sinnliche Empfindung (sense) und Reflexion auf die Vorgänge in unserem Bewußtsein. Berkeley verwendet diese Unterscheidung, wobei er leugnet, daß die Empfindungen „von außen" verursacht sind, und nur den Sinnen unmittelbare Wahrnehmung zuspricht, während die Vernunft durch Folgerungen (z. B. von der Ursache auf die Wirkung) mittelbar Vorstellungen oder Begriffe aus anderen liefert. Die Vorstellungen, die uns das Gedächtnis oder die Einbildungskraft liefern, gelten ihm als „in gewisser Hinsicht mittelbar durch die Sinne wahrgenommen". Die Reflexion liefert uns einerseits ein unmittelbares, intuitives Wissen von unserem Selbst, andererseits gelangen wir dadurch aufgrund von Schlüssen mittelbar zu Begriffen (notions) von anderen Geistern (z. B. auch von Gott). Die Unterscheidung zwischen Empfindung und Reflexion (im Philos. Tagebuch erwägt Berkeley, dafür „Wahrnehmung und Denken" zu setzen, Nr. 571) ist für Berkeley immer wieder problematisch gewesen. Sie führte ihn zu der stärkeren Berücksichtigung der Begriffe (notions) in der zweiten Auflage der „Prinzipien der menschlichen Erkenntnis" (1734, § 142).

60, 4. Berkeley sah von Anfang an in der These, daß eine Vorstellung nur einer Vorstellung (aber keinem bewußtseinsunabhängigen Ding) ähnlich sein könne, einen der Grundpfeiler seiner Philosophie. So im Philos. Tagebuch Nr. 46, 47, 51, 299, 378 (13.–19.); Prinzipien der menschlichen Erkenntnis § 8.

61, 23. Vgl. Prinzipien der menschlichen Erkenntnis § 25.

62, 30. Hylas bezeichnet sich zwar als Christ, vertritt aber die nach Berkeleys Meinung für die Religion gefährliche materialistische Auffassung. Es ist also wohl Ironie, daß Hylas durch die *Gebets*glocke aus seiner Verlegenheit befreit wird und Zeit zur Besinnung gewinnt.

65, 25. Die an Platon erinnernde Verknüpfung von Wahrheit und Schönheit ist zugleich ein Vorgriff auf die folgende Schilderung der Schönheit der Natur (S. 68ff.).

67, 15. „sinnlich wahrgenommen": „perceived" wurde, da es hier im Gegensatz zu „imagined" steht mit „*sinnlich* wahrgenommen" übersetzt, ohne damit ausschließen zu wollen, daß bei Berkeley „wahrnehmen" auch „sich vorstellen aufgrund der Einbildungskraft" umfaßt.

68, 18. „Wolken (clouds)": In den Ausgaben von 1713 und 1725 stand „Himmel (sky)".

68, 22. Vgl. S. 9 und 65.

69, 32. Vgl. Prinzipien der menschlichen Erkenntnis § 60, wo Berkeley die Frage nach dem Zweck des „Uhrwerks der Natur" behandelt.

71, 1. Das „nicht" bezieht sich nur auf „von meinen Gedanken abhängig". Vgl. Prinzipien der menschlichen Erkenntnis § 90.

72, 20. Lucilio Vanini (geb. ca. 1585), ein aus Süditalien stammender Priester, lehrte die Ewigkeit der Materie (De admirandis naturae reginae deaeque mortalium arcanis, 1616). Er wurde 1619 in Toulouse als Atheist auf dem Scheiterhaufen verbrannt. Thomas Hobbes (1588–1679), der in seinem „Leviathan" die Kirche kritisierte, vertrat einen universalen Materialismus und Determinismus (Elemente der Philosophie I, Vom Körper, 2. Teil, Kap. 9). Benedictus de Spinoza (1632–1677) lehrte einen Pantheismus, bei dem Gott selbst das Attribut der Ausdehnung erhält, und einen strengen Determinismus. In naturwissenschaftlichen Fragen folgte er der kartesischen Korpuskulartheorie (Spinoza, Opera, ed. C. H. Bruder, Leipzig 1843, t. II, Epistolae 6, 8, 9, 11). Literatur: Kurd Lasswitz, Geschichte der Atomistik vom Mittelalter bis Newton, Bd. II, Hamburg u. Leipzig 1890, Nachdr. Darmstadt 1963.

73, 3. Nach Malebranche (Recherche de la vérité III, 2, 6) sehen wir alle Dinge in Gott. Berkeley zitiert im Philos. Tagebuch oft

Malebranche, aber auch ein hierher gehörendes Wort von Le Clerc (Clericus) (Nr. 177a, 348, 812).

74, 20. „die wirkliche Natur": „the real natures" ist Plural.

74, 26. Acta, Kap. 17 V. 28. Dieses Bibelwort zitiert Berkeley im Philosophischen Tagebuch Nr. 827 aus Spinozas 21. Brief an Oldenburg (Spinoza, Opera posthuma, 1677).

76, 13. Berkeley läßt nur den Geist (letztlich Gott) als Ursache von Vorstellungen zu. Er leugnet, daß es außer dieser primären Ursache noch sekundäre Ursachen (causae secundae, zweite, untergeordnete, beschränkte oder Mittelursachen) gebe. Vgl. Philos. Tagebuch Nr. 433, 850. Prinzip. der menschlichen Erkenntnis § 32.

77, 24. Berkeley leugnet nicht die Existenz von materieller Substanz im uneigentlichen Sinne, nämlich als Aggregat sinnlicher Qualitäten (Philos. Tagebuch Nr. 512; Prinzipien der menschlichen Erkenntnis § 37), auch nicht die Existenz von geistiger Substanz, aber die Existenz von bewußtseinsunabhängiger (ausgedehnter usw.) Substanz.

79, 15. „höchste Kraft": „supreme agent" kann auch bedeuten „der/das höchste Handelnde" (Gott).

81, 13. „wirkende Kraft": s. Anm. S. 79.

81, 16. „Wesen (spirit)": „Seelenwesen", „Geist".

81, 29. „wirkende Kraft": s. Anm. S. 79.

81, 33. „Kraft": s. Anm. S. 79.

82, 4. „Kräften": s. Anm. S. 79.

82, 14. „Veranlassung (occassion)": Die folgende Passage richtet sich gegen den Okkasionalismus. Dessen Vertreter (vor allem Geulincx und Malebranche) nehmen zur Verbindung von Körper und Geist an, daß Gott die körperlichen Vorgänge als „Veranlassung" oder „Gelegenheit" nimmt, in unserem Geist die entsprechenden Vorstellungen hervorzurufen. Vgl. Philos. Tagebuch Nr. 499, 754; Prinzipien der menschlichen Erkenntnis §§ 68ff.

85, 30. Vgl. Prinzipien der menschlichen Erkenntnis §§ 80f. Auch I. Kant, Kritik der reinen Vernunft, A 104, 109, 250–253, wo er das transzendentale Objekt, das Ding an sich, als ein „Etwas überhaupt", „= x" bezeichnet.

87, 19. „materielle Substanz" s. S. 48ff., „Urbilder" s. S. 56ff., „Ursachen" s. S. 76ff., „Werkzeuge" s. S. 79ff., „Gelegenheiten" s. S. 82ff., „Etwas im allgemeinen" s. S. 85ff.

88, 14. D. Hume, Eine Untersuchung über den menschlichen Verstand, hrsg. v. R. Richter, Hamburg, 1964, S. 181 (XII, 1 Anm.): „... in der Tat bilden die meisten Schriften jenes hochbegabten

Verfassers die beste Anleitung zum Skeptizismus, die sich ... finden läßt. ... Daß aber all seine Begründungen trotz ihrer anderen Absicht in Wirklichkeit rein skeptischer Natur sind, erhellt daraus, daß sie keine Antwort gestatten und keine Überzeugung hervorrufen. Ihre einzige Wirkung ist die Erzeugung jenes verblüfften Staunens, jener Unentschlossenheit und Verwirrung, die das Ergebnis des Skeptizismus ist."

93, 21. Im Philos. Tagebuch (Nr. 19) hatte Berkeley notiert: „Nach der immateriellen Hypothese ist die Wand weiß, das Feuer heiß usw.."

94, 10. „die wirkliche Natur der Dinge oder ihr im mindesten gleich": Im Original steht hier an beiden Stellen der Plural: „the real natures of those things, or in the least like them."

95, 11. „... weiß sich trotz alledem in der Praxis des Alltags zurechtzufinden": „make a shift to bustle through the affairs of life" bedeutet wörtlich „bringt es fertig, durch die Angelegenheiten des Lebens zu hasten".

97, 32. „... sind mir bekannte Dinge": In den Ausgaben von 1713 und 1725 folgte noch: „sonst hätte ich niemals an sie gedacht oder sie genannt".

98, 9. Descartes, Discours de la méthode IV §§ 1 u. 7; Meditationes IV §§ 4 (bzw. 6) u. 38 (bzw. 42); Principiae philosophiae I §§ 5 und 29.

99, 6. „Wirkungskraft (agency)": s. Anm. S. 79.

99, 8. „wirkende Kraft (agent)": s. Anm. S. 79.

99, 24. Vgl. Philos. Tagebuch Nr. 712, 829, 847, 849.

100, 14. Während nach Descartes der menschliche Geist den Begriff von Gott nicht selbst gebildet haben kann, weil dieser Begriff alles Menschliche, d. h. Endliche übertrifft, lehrte Locke, daß der Gottesbegriff durch Perfektionierung endlicher Begriffe ins Grenzenlose und Unendliche zustandekomme (Locke, Essay Concerning Human Understanding II, 22 §§ 33–35).

102, 8. „Bereits in der Begriffsbestimmung": „In the very notion or definition" wörtlich: „Bereits im Begriff oder in der Definition".

102, 24. Da Berkeley die Wahrscheinlichkeit in Bezug auf die Existenz anderer endlicher Seelenwesen als Beweisgrund zuläßt, genügt es ihm nicht, zu zeigen, daß die Existenz der Materie nicht bewiesen werden kann. Nur wenn die Existenz der Materie widersprüchlich ist, kann er dem Einwand entgehen, daß sie ebenso „wahrscheinlich" ist wie die Existenz anderer endlicher Seelenwesen.

102, 25. „wirkende Kräfte“: s. Anm. S. 79.

103, 9. Vgl. Prinzipien der menschlichen Erkenntnis § 2. – Dies ist einer der Punkte, in denen sich Berkeley von D. Hume und E. Mach unterscheidet, denn diese leugnen die Substanzialität des Subjekts. D. Hume, A Treatise of Human Nature I, 1,6: „The idea of a substance ... is nothing but a collection of simple ideas ... “; I, 4, 6: „... something ... which he calls *himself;* though I am certain there is no such principle in me ... nothing but a bundle or collection of different perceptions ...“. E. Mach, Die Analyse der Empfindungen, 8. Aufl. Jena 1919, S. 2: „Als relativ beständig zeigt sich ferner der an einen besonderen Körper (den Leib) gebundene Komplex von Erinnerungen, Stimmungen, Gefühlen, welcher als *Ich* bezeichnet wird.“

104, 34. Im Philos. Tagebuch (Nr. 838) sieht Berkeley sogar in jeder Empfindung, die vom eigenen Willen unabhängig ist, einen Gottesbeweis.

105, 6. Der Ausdruck „Person“ wird von Berkeley im Philos. Tagebuch zunächst verwendet, dann aber nimmt er sich vor, diesen seit dem Mittelalter theologisch belasteten Begriff zu vermeiden (Philos. Tagebuch Nr. 713).

105, 12. Eine solche Beruhigung spricht Berkeley schon im Philos. Tagebuch (Nr. 518) aus.

106, 19. s. Anm. zu S. 74, Z. 26.

107, 2. Diesen Grundsatz verwendet Descartes in seinen „Meditationes“ (III). Berkeley zitiert ihn im Philos. Tagebuch (Nr. 780) von dort.

107, 16. Berkeley nimmt hier den Einwand vorweg, den ihm später Samuel Johnson in einem Brief vom 10. Sept. 1729 entgegenhält (Berkeley, Works, ed. A. A. Luce/T. E. Jessop, vol. II, p. 273). Berkeleys Antwort an Johnson mit Brief vom 25. Nov. 1729 (a.a.O., p. 281) enthält aber keine neuen Aspekte gegenüber der in den Dialogen gegebenen Antwort.

107, 23. „wirkende Kraft“: s. Anm. S. 79.

108, 3. u. 5. „wirkende Kraft“: s. Anm. S. 79.

109, 16. „schuldig“: Ironische Anspielung auf das S. 107 behandelte Schuldproblem.

109, 25. „Wesenheiten (quiddities)“: „quidditas“ ist die scholastische Substantivierung von lateinisch „quid (was)“. Berkeley spricht im „Analyst“ (§ 35, Schriften über die Grundlagen der Mathematik und Physik, hrsg. v. W. Breidert, Frankfurt a. M. 1969, S. 121) bzgl. infinitesimaler Größen ironisch von den „Geistern verstorbener Größen" und spielt damit auf eine Stelle bei S. Butler an, die die Karikatur eines Philosophen enthält: „He could reduce all things to Acts / And knew their Natures by Abstracts, / Where Entity and Quiddity, / The Ghosts of defunct Bodies, flie" (S. Butler, Hudibras, ed. J. Wilders, Oxford 1967, p. 5).

110, 20. Vgl. Prinzipien der menschlichen Erkenntnis § 58.

113, 23. „Kraft": s. Anm. S. 79.

114, 23. I. Newton, Principia mathematica, ed. Horsley, London 1779–1785, Nachdr. Stuttgart-Bad Cannstatt 1964, Bd. 3, p. 19 (Corol. 2 ad prop. VI, theor. VI) = Mathem. Prinzipien, hrsg. v. J. Ph. Wolfers, Berlin 1872, Nachdr. Darmstadt 1963, S. 391. – „Menge der Materie", „Masse", „Masse der Materie": an allen drei Stellen steht im Original „quantity of matter".

118, 7. Obwohl dieser Text dem der Ausgaben von 1713, 1725 und 1734 entspricht, fehlt hier wohl versehentlich eine Negation. Bereits Eschenbach (1750, S. 251) schrieb an dieser Stelle mit Recht: „... und man muß gestehen, daß wenn man alle Neuerung von der Art verbannen wollte, die Menschen wohl schlechte Sprünge in den Künsten und Wissenschaften gemacht haben würden". Nach Berkeleys Meinung vertritt nicht Philonous, sondern Hylas Paradoxe, die allerdings Philonous selbst im folgenden („Daß die Qualitäten ...") als die Meinungen seines Gegners zusammengefaßt wiedergibt.

120, 1. Vgl. New Theory of Vision § 85, wo Berkeley davon spricht, daß uns das Mikroskop eine Welt ganz neuer Gegenstände liefert, die völlig verschieden von den mit bloßem Auge gesehenen sind; es versetzt uns „in eine andere Welt", aber es bringt uns eben nicht *der* wahren Natur *eines* Körpers näher. Dazu die Kritik von B. Silver, The Conflicting Microscopic Worlds of Berkeley's *Three Dialogues*. Journal of the History of Ideas 37, 1976, 343–349. Silver sieht den Gegensatz zwischen dieser Stelle und der Verwendung des Mikroskops im ersten Dialog (S. 29), weil Berkeley im dortigen Argument die Identität des Gegenstandes unter beiden Betrachtungsweisen voraussetze.

120, 5. Vgl. New Theory of Vision § 49.

122, 28. „auch anderen Anwesenden": In den Ausgaben von 1713 und 1725 hieß es: „auch allen anderen Anwesenden".

125, 31. Vgl. Philos. Tagebuch Nr. 312.

128, 16. Vgl. Philos. Tagebuch Nr. 176, 544, XXV; Prinzipien der menschl. Erkenntnis § 144. Locke, Essay Concerning Human Understanding III,1 § 5.

128, 28. Den Einwand, daß der Immaterialismus nicht mit dem Schöpfungsbericht der Bibel verträglich sei, weil dort erst die unbelebte Natur und dann die wahrnehmenden Menschen geschaffen werden, diskutierte Berkeley schon in seinem Philos. Tagebuch (Nr. 723, aber auch Nr. 60, 293, 339, 436). G. Mende glaubte dagegen, Berkeley sei erst nach der Veröffentlichung der „Prinzipien" durch Lady Percival auf diesen Einwand aufmerksam gemacht worden. Wenn Berkeley ihr zugesteht, daß sie „die einzige Person ist, die mit Verstand und Beweisführung opponierte", so vielleicht auch deswegen, weil sie ihm vertraute Argumente entgegenhielt.

130, 1. S. Anm. zu S. 109, Z. 25.

130, 30. Vgl. Philos. Tagebuch Nr. 812.

132, 10. „in der nackten Auffassung dieser Dinge": „in this naked conception of things".

133, 31. Der Einwand gegen die Lehre von der Schöpfung von einem Zeitpunkt an mit dem Hinweis auf Gottes Unwandelbarkeit wird bei den frühen christlichen Denkern wiederholt behandelt (z. B. Origenes, De principiis I, 2, 10; Augustinus, De civitate Dei XI,4). Dieser Einwand beruht also nicht auf den speziellen Voraussetzungen des Berkeleyschen Immaterialismus. Zur neueren Diskussion des Problems s. z. B. P. Helm, Zum Problem der Veränderung und ihrer Feststellung. Ratio 19, 1977, S. 38f.

134, 2. Nach eleatisch-platonischem Verständnis schließt der Begriff der Vollkommenheit (oder der des wirklichen Seins) den Begriff der Veränderung aus, so daß Gott als das vollkommenste Wesen auch als unveränderlich gedacht werden muß.

134, 14. Die Schwäche dieser Erwiderung liegt darin, daß Berkeley im vorangehenden Text und auch sonst in seinen Schriften wiederholt von Gottes Wirkungsweisen und Attributen gesprochen hat: z. B. Gott ist wahrhaftig, allgegenwärtig, ewig (S. 98); die Seele ist ein Bild Gottes (S. 100); Gott weiß alles Wissenswerte und ist ein seelisches Wesen ohne Mitgefühl (S. 114), er begreift alle Dinge (S. 125).

135, 28. „... Dasein der Materie... Dasein der Schöpfung...": „... existence of matter ... Creation's being ..."

136, 33. „Wesen (quiddities)": s. S. 129f. u. Anm. zu S. 109, Z. 25.

137, 17. Im Philos. Tagebuch (Nr. 830) sieht Berkeley in der Tätigkeit unserer Einbildungskraft ein Erschaffen aus dem Nichts, obwohl er in Nr. 823 die Vorstellungen der Einbildungskraft gerade als Kopien der Sinnesvorstellungen auffaßte.

138, 27. „Gleichartigkeit (homogeneity)“: Vgl. Philos. Tagebuch Nr. 60, 64, 293.

139, 28. Berkeley spricht neun Begriffe bzw. Probleme der traditionellen Philosophie an: 1. „das abstrakte Wesen (entity in abstract)“ vgl. Berkeleys Angriff gegen abstrakte Vorstellungen in den „Prinzipien der menschlichen Erkenntnis“ (Einleitung). 2. „substantielle Formen“ ist ein Begriff der aristotelischen Philosophie, der von Locke als dunkel und verworren kritisiert wurde (Essay Concerning Human Understanding III, 6 § 10). 3. „die hylarchischen Grundsätze“ und 4. „die plastischen Naturen“ sind platonisch-aristotelische Bewegungsprinzipien; vgl. Philos. Tagebuch Nr. 617 und De Motu § 20. 5. „Substanz und Akzidenz“ ist eine aristotelische Unterscheidung, die von Locke (Essay ... II, 13 § 19–20) kritisiert wurde; vgl. Berkeley, Philos. Tagebuch Nr. 700, 701, 724. 6. „Prinzip der Individuation“: Die mittelalterliche Universaliendiskussion provozierte die Frage, wie aus dem Allgemeinen das Individuierte hervorgehe. U. a. wird die Materie als Individuationsprinzip angenommen. 7. „Bewußtsein in der Materie“ bezieht sich auf eine von Locke (Essay IV, 3 § 6) berührte Schwierigkeit; vgl. Berkeley, Philos. Tagebuch Nr. 695, 718. 8. „Ursprung der Vorstellungen“ (vgl. Locke, Essay ... II, 1 §§ 1ff.) und 9. „Art, wie ... seelische und materielle (Substanz) aufeinander wirken sollten“ sind Probleme, die die neuzeitliche Philosophie seit Descartes beschäftigen, insbesondere aufgrund des kartesischen Körper-Geist-Dualismus (res extensa – res cogitans).

140, 10. Schon von den frühen Eintragungen im Philos. Tagebuch an hat sich Berkeley wiederholt mit der Mathematik, insbesondere mit einer Kritik der Infinitesimalmathematik und einer Auflösung der Paradoxien der unendlichen Teilbarkeit, beschäftigt. Berkeley vertritt die Endlichkeit der Teilbarkeit und meint, damit die Mathematik klarer und leichter zu machen (Philos. Tagebuch Nr. 346, 383–385, 414, Prinzipien der menschlichen Erkenntnis § 123–132). Ausführlich greift Berkeley dieses Thema im „Anlyst“ auf (s. G. Berkeley, Schriften über die Grundlagen der Mathematik und Physik, hrsg. v. W. Breidert, Frankfurt a. M. 1969).

145, 15. Die Struktur des Gedankenganges ist folgende: Die undifferenzierte Behauptung, es gebe keine Materie, wirkt anstoßerregend. Die Schwierigkeit verschwindet durch folgende Unterscheidung: a) Wenn man unter „Materie“ eine geistunabhängige Substanz versteht, so gibt es keine Materie. b) Wenn man unter „Materie“ ein sinnliches Ding versteht, so gibt es Materie. „Diese

Unterscheidung" bezieht sich also auf den Text von „Dagegen" bis zu „... gibt es Materie". E. J. Furlong isoliert dagegen den bis zum Semikolon reichenden Teilsatz und muß ihn daher als unvollständigen Satz ansehen (E. J. Furlong, A Berkeleian Nod? Berkeley Newsletter No. 2, Nov. 1978, p. 3).

146, 34. „Akademiker": Anhänger der platonisch-aristotelischen Philosophie. Die Akademiker und Cartesianer stehen hier als Repräsentanten eines erkenntnistheoretischen Realismus oder ‚Materialismus'. Ihre Haltung ist die eine Front, gegen die Berkeley kämpft, der Skeptizismus ist die andere.

147, 11. Man vergleiche mit diesem ‚versöhnlichen' Schluß Wittgensteins, durch Schopenhauer angeregte, Bemerkungen im „Tractatus logico-philosophicus" (5.64): „Hier sieht man, daß der Solipsismus, streng durchgeführt, mit dem reinen Realismus zusammenfällt. Das Ich des Solipsismus schrumpft zum ausdehnungslosen Punkt zusammen, und es bleibt die ihm koordinierte Realität."

NAMEN- UND SACHREGISTER

NAMENREGISTER

SACHREGISTER